Adolf Neubauer

Hebräische Berichte über die Judenverfolgungen während der Kreuzzüge

Adolf Neubauer

Hebräische Berichte über die Judenverfolgungen während der Kreuzzüge

ISBN/EAN: 9783743672543

Hergestellt in Europa, USA, Kanada, Australien, Japan

Cover: Foto ©ninafisch / pixelio.de

Weitere Bücher finden Sie auf **www.hansebooks.com**

Hebräische Berichte

über die

Judenverfolgungen während der Kreuzzüge.

Im Auftrage der historischen Commission für Geschichte der Juden in Deutschland

herausgegeben

von

A. Neubauer und M. Stern,

ins Deutsche übersetzt

von

S. Baer.

Berlin.

Verlag von Leonhard Simion.

1892.

Inhalt.

	Seite
Einleitung. I. Zur Edition der hebräischen Texte	VII
II. Zur Kritik der Kreuzzugsberichte	XIII
Hebräische Texte.	
1. Bericht des Salomo bar Simeon	1
2. Bericht des Elieser bar Nathan	36
3. Bericht des Mainzer Anonymus	47
4. Bericht des Ephraim bar Jacob	58
5. Bericht des Elasar bar Juda	76
Deutsche Uebersetzungen.	
1. Bericht des Salomo bar Simeon	81
2. Bericht des Elieser bar Nathan	153
3. Anonymer Bericht der Darmstädter Handschrift	169
4. Bericht des Ephraim bar Jacob	187
5. Bericht des Elasar bar Juda	215
Alphabetisches Verzeichniss der in den Berichten vorkommenden deutbaren Orts- und Personennamen	220
Druckfehler und Berichtigungen	223

Einleitung.

I. Zur Edition der hebräischen Texte.

Es gelangen in der vorliegenden Ausgabe fünf hebräische Berichte über Judenverfolgungen in der Zeit der Kreuzzüge zum Abdruck. Zum Verständniss für deren Edition seien folgende Bemerkungen vorausgeschickt.

I. Bericht des Salomo bar Simeon. Der bisher unbekannte handschriftliche Text ist Unicum und befindet sich auf Fol. 151 bis 163' des Cod. Ms. 28 des Jews College zu London. Ueber den 1453 in Treviso geschriebenen Sammelband siehe Catalogue of the hebrew manuscripts in the Jews College London, compiled by A. Neubauer, Oxford 1886, nr. 28 p. 11. Zahlreiche Stellen der Handschrift sind von der Censur ausgestrichen und radirt. Ausserdem hat der Copist absichtlich oft dort freien Raum gelassen, wo seine Vorlage entweder schadhaft war, oder von ihm aus anderen Gründen nicht gelesen werden konnte. Bei der Edition wurden Lücken und Rasuren durch Punkte angedeutet. Einzelne radirte Stellen konnten von Herrn Dr. Neubauer durch chemische Mittel wieder aufgefrischt werden, zahlreiche andere ermittelte ich mit Sicherheit aus der Vergleichung mit anderen Berichten. In beiden Fällen traten die neugefundenen Worte im Texte in eckige Klammern. Das vor Schluss des Berichtes in der Handschrift befindliche Stück, das über spätere französische Vorgänge berichtet (S. 31—35), wurde des Zusammenhangs halber herausgenommen und an das Ende der Edition gesetzt.

II. Bericht des Elieser bar Nathan. Der Text ist in folgenden Handschriften erhalten:

1. Codex, früher im Besitze des Buchhändlers Rabinowitz in München, s. dessen Verkaufskatalog 1887, S. 18, jetzt in der

Bodleiana zu Oxford, Cod. Ms. Hebrew, d. 11, auf Pergament, 4⁰. Es ist ein von einem Eleasar ben Ascher halevi nicht später als 1325 angelegter Sammelband. Unser Bericht steht daselbst auf fol. 232—237. Vgl. Neubauer, Mediaeval Jewish Chronicles, S. 20 Anm. und Perles in der Jubelschrift für Graetz S. 19 ff.

2. Codex hebr. nr. 2585, 3d (in Neubauers Catalog nr. 1127) der Bodleiana zu Oxford, ist eine indirekte Copie aus der vorher genannten Oxforder Handschrift und stammt aus dem Ende des vorigen Jahrhunderts. Vgl. Neubauer, Catalogue of the hebrew manuscripts in the Bodleian library zu der genannten Nummer.

3. Codex hebr. chart. nr. 45 der Landes- und Universitätsbibliothek zu Strassburg, fol. 8'—10', in deutscher Cursive 1631 von Ascher b. Elieser halevi Olsheim in Reichshofen copirt. Vgl. Landauer, Catalog der hebr. etc. Handschriften der K. Landes- und Universitäts-Bibliothek zu Strassburg, S. 65f.

4. Codex chart. 171 der Bibliothek des jüdisch-theologischen Seminars zu Breslau, in deutscher Cursive von einem Anonymus am Anfange des vorigen Jahrhunderts geschrieben. Die Handschrift war früher im Besitze des Herrn Dr. Jacob Bernays und wurde durch R. Kirchheims Mittheilung im Literaturblatte des Orients 1845, Sp. 737—739, Anm. bekannt. Von dem Bernays'schen Codex liessen R. Kirchheim und B. Niederhofheim in Frankfurt am Main durch Elieser Sussmann Meseritsch daselbst in den Jahren 1846 und 1847 Abschriften anfertigen. Eine derselben machte B. Niederhofheim dem damals in Heddernheim, jetzt in Biebrich wohnhaften Dr. S. Baer zum Geschenk. Eine von Dr. Baer selbst gefertigte Copie gelangte in den Besitz des jetzt in Frankfurt wohnhaften Fischl Hirsch. Von diesem erwarb sie Prediger Dr. A. Jellinek in Wien käuflich und veröffentlichte sie unter dem Titel „Zur Geschichte der Kreuzzüge. Nach handschriftlichen hebräischen Quellen" (Leipzig 1854). Eine andere Abschrift des Meseritsch wird jetzt in der Universitäts-Bibliothek zu Amsterdam (früher in der Rosenthal'schen Bibliothek daselbst) als Handschrift Cod. hebr. 18 aufbewahrt, s. Roest, Catalog der Hebraica und Judaica aus der L. Rosenthal'schen Bibliothek, S. 1173. Bei Gelegenheit der verschiedenen Copirungen sind indess zahlreiche Veränderungen vorgenommen worden, so dass der Abdruck Jellineks fast in jeder Zeile von der Breslauer Handschrift abweicht. Die Differenzen, welche Wiener, Emek habacha von R. Joseph

ha Cohen, deutsche Uebersetzung, S. 160, Note 65a verzeichnet, bilden nur einen ganz geringen Theil der überhaupt vorhandenen. Herr Dozent Dr. M. Braun in Breslau war so freundlich, diese für mich zusammenzustellen.

Eine fünfte Handschrift mit dem Berichte Eliesers besass die jüdische Gemeinde zu Worms in einem 1625 von Juda Kirchheim geschriebenen Gemeindenotizbuche, das die Wormser religiösen Gebräuche beschrieb (Minhagbuch). Einige Notizen daraus gab A. Adler in Jost's Israelitischen Annalen 1839, S. 91—92. Noch 1855 wurde der Codex von Herrn Prediger Dr. Lewysohn in Worms (jetzt in Stockholm) benutzt, der denselben jedoch bereits in sehr defektem Zustande vorfand. Vgl. Lewysohn, Sechzig Epitaphien von Grabsteinen des israelitischen Friedhofes zu Worms, S. 7f. Seit etwa 1860 ist das Minhagbuch als verloren zu betrachten. Trotz angestrengter Nachforschung, die der Vorstand der Israelitischen Religionsgemeinde zu Worms auf mein Ersuchen nach den von Herrn Dr. Lewysohn freundlichst gegebenen Weisungen vornahm, konnte die Handschrift nicht mehr aufgefunden werden.

Bei der Edition wurde die Handschrift 1 (Oxford) mit O, die Hds. 2 (Oxford) mit o, die Hds. 3 (Strassburg) mit S und die Hds. 4 (Breslau) mit B bezeichnet.

III. Bericht des Mainzer Anonymus.

Die einzige bisher bekannt gewordene Handschrift liegt in der Grossherz. Hofbibliothek zu Darmstadt: Cod. or. 25, fol. 17' col. 2 — fol. 22. col. 1. Der 122 Pergamentblätter in Kleinfolio umfassende Sammelband enthält eine Anzahl Abhandlungen, von denen unser Bericht nr. 26 bildet. Anfang und Schluss des Codex sowie zahlreiche Blätter in der Mitte fehlen, die ersten und letzten Blätter sind durch Brand beschädigt. Aus der von einem Copisten gemachten Numerirung ergiebt sich ein früherer Mindestbestand von 176 Miscellen. Von diesen sind heute noch 66 vorhanden, die anderen sind verloren gegangen. Eine freilich nicht ganz ausreichende Beschreibung des Inhalts hat M. Mannheimer, dem das Verdienst zukommt, auf diesen wichtigen Codex zuerst aufmerksam gemacht zu haben, im Jüdischen Literaturblatt ed. Rahmer 1878, nr. 24, 27 und 30 gegeben. Derselbe hat auch eine unvollständige Uebersetzung des Berichtes unter dem Titel: „Die Judenverfolgungen in Speyer, Worms und Mainz im Jahre 1096 während des ersten Kreuzzuges,

Darmstadt 1877" veröffentlicht (vgl. Hagenmeyer in der Jenaer Literaturzeitung 1877, S. 585. Steinschneider, Hebr. Bibliographie XVII, 83) und den hebräischen Text nicht weniger als drei Mal abdrucken lassen: im Ozar Tob, hebr. Beilage des Magazins für die Wissenschaft des Judenthums 1877, S. 87—95, daraus separat „גזירות הישנות, Die Judenverfolgungen in Speyer etc. Berlin 1878" (vgl. Steinschneider, Hebr. Bibliographie XVIII, 2 und Wiener im Jüd. Literaturblatt 1878, nr. 31) und von Neuem ohne Erwähnung des früheren Abdrucks in der Monatsschrift für die Geschichte und Wissenschaft des Judenthums 1878, S. 531—540.

Der Codex war, wie auf fol. 22 bemerkt ist (זה הספר שייך
לה"רר שלמה רופא בן החבר יוסף זצ"ל היילפרון בק"ק ורנקפורט בשבת בששה
לחודש אלול שנת חמשת אלפים ושלוש מאות ועשרים שנה לבריאת עולם)
im Jahre 1560 im Besitze des Arztes Salomon Heilbronn in Frankfurt am Main. Von den verschiedenen Copisten hat sich nur ein einziger genannt. Am Schlusse von Auszügen aus dem bekannten Buche Rokeach des Eleasar aus Worms zeichnet er fol. 92: חזק אברהם הסופר סליק. Seine Schrift weicht jedoch von der des Verfolgungsberichtes ab.

Die Eintragung des letzteren in unseren Codex wird in die zweite Hälfte des 14. Jahrhunderts zu setzen sein. Da der Copist in der Ueberschrift seinen Bericht „die Geschichte der alten Verfolgungen" nennt, so muss er schon zahlreiche andere Verfolgungen seit dem ersten Kreuzzuge kennen. Von der anlässlich des schwarzen Todes aufgetauchten Beschuldigung der Juden, die Brunnen vergiftet zu haben, ist vielleicht die sonst nicht erhaltene Nachricht beeinflusst (S. 49 und 172), dass die Wormser Juden schon 1096 eines gleichen Verbrechens beschuldigt wurden. Ist die Vermuthung berechtigt, so wäre die betreffende Stelle als eine Interpolation des Copisten zu betrachten.[1]) In das 14. Jahrhundert weisen auch die Charaktere der Schrift. Die Annahme einer früheren Copirung ist unmöglich, da die in der Handschrift vorhergehenden Trauergebräuche (fol. 2—12) von einem Schüler des R. Mëir Rothenburg erst nach dessen Tode, also nach 1293, verfasst sind.[2])

---

[1]) Vgl. hierzu unten S. XV II. B.

[2]) R. Meir wird stets mit dem Zusatze ז"ל (seligen Angedenkens) erwähnt. Die Trauergebräuche sind die bekannten הלכות אבילות oder הלכות שמחות R. Meirs. Sie beginnen fol. 2 in der Mitte des § 21 und zählen im Ganzen 118 Paragraphen. fol. 12 col. 2 nennen sie sich מנהגים, fol. 13 col 2 werden sie הלכות אבילות

Nach freundlicher Mittheilung des Herrn Dr. M. Steinschneider besass wahrscheinlich auch die Bodleiana eine Handschrift des in Darmstadt befindlichen Berichtes. Die Druckschrift der Bodleiana, die in dem Oppenheimer'schen Catalog mit 235 (jetzt 252) Qu. bezeichnet ist, enthielt als Anhang 50 beschriebene Blätter mit 1. einem Commentar, angeblich über Midrasch Threni von Elasar aus Worms, 42 Bl., 2. mit dem Midrasch Wajisseu (Jalkut § 133), wahrscheinlich 1583 geschrieben, 1 Bl., und 3. Fol. 44a. mit einem Berichte über die Verfolgung des Jahres 1096, der mit blasser Tinte von anderer Hand als die ersten Stücke geschrieben ist. Der von Herrn Dr. Steinschneider copirte Anfang stimmt mit unserem Darmstädter Berichte überein. Auch Carmoly hat den Anhang gesehen und ihn im Israelit, ed. Lehmann 1865, S. 564 beschrieben. Leider ist das Manuscript, das beim Einbinden der Druckschrift losgelöst wurde, gegenwärtig in Oxford nicht mehr zu finden.

IV. Bericht des Ephraim bar Jacob. In den vier Handschriften, welche den Bericht des Elieser bar Nathan enthalten, folgt unmittelbar darauf der Bericht des Ephraim bar Jacob. Aus dem Breslauer Codex (B) wurde er nach einer Abschrift R. Kirchheims von M. Wiener im Anhange der deutschen Uebersetzung des Emek habacha von R. Joseph ha Cohen (Leipzig 1858) veröffentlicht.

V. Bericht des Elasar bar Juda. Der hier zum ersten Male gedruckte fragmentarische Text ist der zu St. Petersburg befindlichen Handschrift nr. 614 (Fol. Pergament) des Herrn Baron Günzburg entnommen.

Bei der Edition der hier beschriebenen handschriftlichen Texte handelte es sich nicht darum, sie überall derart zu verbessern, dass wir grammatisch richtige, im guten Hebräisch geschriebene Berichte erhalten. Die Originale selbst mögen bereits zahlreiche Fehler in dieser Beziehung aufgewiesen haben. Es wurde vielmehr darnach gestrebt, die Texte mit ihren grammatischen und orthographischen Eigenheiten möglichst getreu wiederzugeben. Nur solche Härten und verderbte Stellen wurden verbessert, bei denen mit Sicherheit ein Schreibfehler oder Irrthum

---

bezeichnet. Der Name des Verfassers ist aus der Notiz fol. 5, col. 2 ersichtlich:
אני הצעיר אלעזר לוי וכירני בטהרית נער הייתי יצק כים על יד כהר"ש זל אבי לני.

des Copisten vorliegt und die richtige Lesart mit gleicher Sicherheit festgestellt werden konnte. Bei allen vorgenommenen Veränderungen ist der Wortlaut der handschriftlichen Vorlage aus den Noten zu ersehen.

In den Berichten II und IV, für die mehrere Handschriften vorhanden sind, gelangte die älteste (O) textlich zum Abdruck. Die etwaigen Varianten der übrigen Handschriften traten in die Noten. Schreibfehler wurden nur insoweit als Varianten verzeichnet, als sie zur Charakteristik der betreffenden Handschrift von Werth sind. Das Vorhandensein oder Fehlen der sogenannten matres lectionis kam für das Verzeichniss der Varianten nicht in Betracht. Ebensowenig wurde besonders notirt, wenn statt des Gottesnamens יי eine andere Handschrift die Kürzung 'ה, oder statt אלהים die Schreibung אלדים, אלקים aufweist.

Die Interpunktion wurde auf die Punkte beschränkt und nach eigenem Ermessen geregelt. Ebenso wurden zum besseren Verständniss Absätze neu eingeführt.

Eine Anzahl Druckfehler und Berichtigungen sind dem Schlusse der Ausgabe (S. 223) beigefügt.

Die in England und St. Petersburg aufbewahrten Handschriften wurden von Herrn Dr. Neubauer copirt bezw. ihre Varianten mitgetheilt. Für die in Deutschland befindlichen Handschriften geschah dies durch den Unterzeichneten, der auch für die Edition aller Texte verantwortlich ist.

Moritz Stern.

II. Zur Kritik der Kreuzzugsberichte.

Indem ich den vorangehenden Darlegungen des Herrn Dr. Stern über die für die vorliegende Ausgabe benutzten Handschriften einige kurze Bemerkungen über die hier vereinigten Quellenschriften selbst folgen lasse, muss ich voraufschicken, dass dieselben nur auf einem Studium der deutschen Uebersetzung, nicht der hebräischen Originaltexte beruhen. Doch wird das keinen wesentlichen Nachtheil bereiten, da die Uebersetzung so eingerichtet worden ist, dass die gleichen hebräischen Textesstellen regelmässig auch in die gleichen deutschen Worte übertragen worden sind, die vergleichende Kritik also auch an den letzteren geübt werden kann; überdies habe ich mich da, wo es auf die genaue Interpretation eines einzelnen hebräischen Wortes ankam, des Beiraths sachkundiger Sprachforscher zu erfreuen gehabt.

Von den drei Berichten über die Judenverfolgungen während des ersten Kreuzzuges — sie mögen auch hier nach ihrer Reihenfolge in unserer Ausgabe mit den Ziffern I, II, III bezeichnet werden — ist III völlig anonym. Wenn der Bericht in der Ueberschrift des hebräischen Textes (S. 47) einem „Mainzer" Anonymus zugeschrieben wird, so ist das nur insofern zutreffend, als derselbe, wie sich unten ergeben wird, auf Mainzer Quellen zurückgehen muss;[1] dass er in der vorliegenden Gestalt in Mainz redigirt oder niedergeschrieben worden ist, ergiebt sich aus ihm selbst nicht zweifellos und ist auch nicht als selbstverständlich vorauszusetzen: Aufzeichnungen über die Verfolgungen während der Kreuzzüge sind gewiss an vielen Orten verbreitet

---

[1] Vgl. auch Aronius, Regesten zur Geschichte der Juden in Deutschland S. 78.

gewesen. Dass aber diese Redaction aus späterer Zeit stammt, ergeben der am Schluss hinzugefügte Satz: 'Ende der Geschichte der früheren Verfolgungen' und der Eingang 'Ich beginne die Geschichte der früheren Verfolgungen; Gott bewahre uns und ganz Israel vor dergleichen Leiden'; dem Redactor müssen also auch spätere Judenverfolgungen bekannt gewesen sein, von denen er jene früheren unterscheidet. Wie lange Zeit nach denselben er aber gelebt hat, darüber ist unmittelbar nichts festzustellen, und nur ein Anhaltspunkt ist vorhanden, der eine Vermuthung gestattet.[2]) Bei dem Bericht über die Verfolgung in Worms erzählt III S. 172, dass am 10. Ijar von den Feinden der Juden ein Leichnam herbeigebracht und danach gegen diese die Anklage erhoben worden sei, dass sie einen Christen im Wasser gebrühet und das Wasser in die Brunnen geschüttet hätten, um die Christen zu vergiften. An diesem Tage beginnt die Verfolgung und wird 15 Tage darauf, am 25. Ijar, wiederholt. Ich will kein Gewicht darauf legen, dass hier die Daten sicherlich irrig sind: der 10. Ijar, 5. Mai 1096, war nicht Sonntag, wie III angiebt, sondern Montag; und nach dem übereinstimmenden Zeugniss von I und II gehören die Wormser Vorgänge zum 18. und 25. Mai (S. 84, 155f.). Derartige Verwirrungen können durch blosse Copistenfehler in unseren Text gekommen sein. Aber die hier erhobene Beschuldigung der Brunnenvergiftung trägt deutlich den Charakter später Erfindung. Weder wissen I und II etwas davon; noch kommt in irgend einer der zahlreichen christlichen Quellen, welche über die Judenverfolgungen während des ersten und zweiten Kreuzzuges berichten, irgend eine Andeutung vor, dass damals schon gegen die Juden die unheilvolle Beschuldigung der Brunnenvergiftung erhoben worden sei; auch wäre die letztere, wenn schon 1096 vorgebracht, nach der ganzen Art, wie die gegen die Juden erhobenen Anklagen sich epidemischen Infektionskrankheiten vergleichbar von Ort zu Ort zu verbreiten pflegen, sicherlich damals schon auch in anderen Städten aufgetreten und ebenso gewiss im Laufe der folgenden Jahrhunderte hier und dort erneuert worden. Das ist bekanntlich nicht der Fall; vielmehr tritt, soviel ich finde, die Beschuldigung der Brunnenvergiftung[3]) in glaubwürdigen Quellen zuerst im

---

[2]) Darauf hat schon Aronius a. a. O. S. 85 aufmerksam gemacht.
[3]) Die Anklage, einen ermordeten Christen in den Fluss geworfen zu haben, die schon 1147 in Würzburg erhoben wird (s. unten S. 192), hat natürlich einen ganz anderen Charakter. Von Brunnenvergiftung ist dabei nicht die Rede.

14. Jahrhundert auf; der Verdacht traf Anfangs nicht die Juden allein; insbesondere werden die Aussätzigen, aber auch Andere, bald Arme und Nothleidende, bald Reiche und Vornehme beschuldigt, bis schliesslich auf den Juden sich die unsinnige Anklage concentrirt und diese aller Orten der Volkswuth geopfert werden.[4]) Ich glaube nicht, dass vor dieser Zeit diejenige Redaction unseres Berichtes entstanden ist, welche, in der heutigen Gestalt von III vorliegend, diese Anklage schon bei den Verfolgungen der ersten Kreuzfahrer eine Rolle spielen lässt.[5])

Auch II entbehrt in den eigentlich erzählenden Abschnitten eines Verfassernamens. Aber in den Klagegedichten, welche in diesen Bericht eingeschaltet sind, nennt sich viermal (S. 37, 38f, S. 40, S. 45f.) ein Elieser ben R. Nathan akrostichisch als Dichter, und dass dieser mit dem Verfasser, oder sagen wir vorsichtiger Redactor, des Berichtes identisch ist, wird man aus den Worten, mit welchen die Elegieen eingeführt werden, bestimmt folgern dürfen. Ein Schriftsteller dieses Namens,[6]) aus Mainz stammend, der um die Mitte des 12. Jahrhunderts blühte, ist sehr bekannt; als Talmudinterpret, als synagogaler Dichter (פיטן) und als Verfasser des Werkes Eben-haeser hat er sich einen Namen gemacht.[7]) Dieser hat als junger Mann die Schrecken des ersten Kreuzzuges miterlebt; er schildert sie in einem Synagogengedicht für den Sabbat vor dem Wochenfest;[8]) auch in seinem Werke Eben-haeser spielt er darauf an.[9]) Er erreichte ein hohes Alter (bis über 90 Jahre), da er Raschi (gest. 1105) unter seine Lehrer zählt[10])

---

[4]) Vgl. Graetz, Geschichte der Juden VII, 360 ff. und dazu Werunsky, Karl IV., Bd. II, 240 ff.

[5]) Die Vermuthung Sterns (oben S. X), dass diese Beschuldigung als eine Interpolation des Copisten der Darmstädter Hs. zu betrachten sei, ist durchaus unwahrscheinlich, wenn anders dieser Copist als eine von dem Redactor des Berichts verschiedene Person angesehen werden soll.

[6]) Gewöhnlich wird er mit dem Beinamen Raban bezeichnet, der aus den Buchstaben ראב"ן (Rabbi Elieser ben Nathan) gebildet ist.

[7]) Vgl. Tosephot Schebuoth 26 b, Ascheri zu Rosch haschana § 11. Auch in Machsor Ms. lautet zu dem Jozer des Buss-Sabbates die Ueberschrift: מרבינו אליעזר בר נתן במגנצא זצ"ל, vgl. Zunz, Literaturgesch. S. 259 ff. (Baer).

[8]) Sulath אלהים באזנינו. (Baer). Auch eine Selicha, welche die Opfer des Jahres 1096 schildert אלהים זדים קמו wird ihm zugeschrieben, vgl. Zunz, Literaturgeschichte der synag. Poesie S. 261 (Baerwald).

[9]) S. 40: בשנת הגזירה נדרש ביה, S. 84: במגנצא לפני הגזרה (Baer).

[10]) In seinem Piutim-Commentar Ms. sagt er: כך שמעתי מפי ר"ש בר' יצחק שהיה מתפלל בר"ה. 'So hörte ich aus dem Munde des Rabbi Simon, des Sohnes des Isaak (Raschi), der am Neujahrsfeste vorbetete' (Baer).

und auch mit dessen Enkel Jakob Tam (gest. 1171) noch correspondirt hat.[11]) Ob nun freilich dieser Elieser ben Nathan mit dem Redactor unseres Berichtes und dem Verfasser der in denselben eingewebten Lieder identisch ist, kann, abgesehen von der Namensgleichheit nicht mit Sicherheit dargethan werden; doch ist auch nichts ersichtlich, was dagegen spräche, insbesondere würde die Abfassungszeit unseres Berichtes, der mit keinem Worte auf die Leiden während des zweiten Kreuzzuges hindeutet und demnach jedenfalls vor 1146 geschrieben ist, wohl zu den Lebensverhältnissen Rabans passen. Keinesfalls aber ist es zulässig, mit Graetz[12]) von dem bekannten Elieser ben Nathan aus Mainz einen zweiten gleichzeitigen Elieser ben Nathan Halevi aus Köln zu unterscheiden und diesen als den Verfasser unseres Berichtes anzusehen. Graetz[13]) ist zu seinem Irrthum wahrscheinlich durch Joseph Hakohen veranlasst worden. Dieser schreibt allerdings in seinem דברי הימים S. 18b und ebenso in עמק הבכא S. 21 bei der Erzählung von 1146: אלעזר הלוי כתב כל אלה בקונטריסו בהיותי במבצר בתוך הבאים הקרובים אליו ממשפחה אמו והוא בן שלש עשרה שנה בעת ההיא. Allein diese Angabe des Joseph Hakohen ist falsch; denn nicht Elasar Halevi hiess der Mann, der sich 1146 als dreizehnjähriger Knabe, in der Festung Wolkenburg aufgehalten hat, sondern Ephraim bar Jacob aus Bonn war das, wie aus seinem unten abgedruckten Berichte IV hervorgeht.[14]) Einen Elieser ben Nathan Halevi aus Köln[15]) kennt die Literaturgeschichte überhaupt nicht; Joseph Hakohen aber ist zu seiner falschen Angabe wahrscheinlich dadurch gekommen, dass in den Handschriften die beiden Berichte II und IV gewöhnlich unmittelbar aufeinander folgen; so mag er das, was in IV Ephraim von

[11]) Vgl. Eben haeser p. 148 (Baer).

[12]) Gesch. der Juden VI, 173.

[13]) Ihm folgt Schiller-Szinessy, Encyclopaedia Britann. IXth ed. Bd. XX, 191.

[14]) S. unten S. 190.

[15]) Ganz hinfällig ist es, wenn Graetz S. 424 meint, nur ein Kölner habe mit der Umgegend von Köln so bekannt sein können, wie der Verf. von Bericht II. Einmal setzt II eine ebenso genaue Kenntniss von Mainz voraus wie von Köln; sodann hatte R. Elieser ben Nathan einen Verwandten in Köln, mit welchem er in Verkehr stand (vgl. Eben haeser § 48: „Folgende Anfrage ist an mich aus Köln von meinem Verwandten R. Elieser, Sohn des R. Simson gerichtet worden". Siehe auch ibid. § 13. Baer); endlich aber hat dem Verf. von II, wie sich gleich zeigen wird, eine schriftliche Quelle über die Kölner Dinge vorgelegen.

sich erzählt, auf den in II genannten Elieser bezogen haben. Möglich aber auch, worauf schon Neubauer hinwies, dass die von Joseph Hakohen benutzte Handschrift mit dem oben S. VII erwähnten Codex Rabinowitz zusammenhing, dessen Zusammensteller, wie dort erwähnt, ein Elasar (ben Ascher) Halevi war. In dieser Hs. finden sich an einer Stelle des Berichtes Ephraims aus Bonn (S. 60 Note mm) am Rande die Worte אלעזר הלוי, welche auf den Sammler hindeuten; möglicher Weise sind in einer späteren Copie dieser Hs., welche Joseph Hakohen benutzt haben mag, jene Worte in den Text gerathen (wie das auch in der oben S. VIII erwähnten jüngeren Oxforder Hs. der Fall ist), so dass daraus Josephs Irrthum entstanden sein kann.

Ungefähr gleichzeitig mit II ist auch I entstanden, als dessen Redactor sich in einer eingeschobenen Bemerkung (S. 123), die übrigens in unserer Handschrift, wie es scheint, an die unrichtige Stelle gerathen ist, Salomo bar Simeon bezeichnet. Wir wissen von diesem Mann, der 1140 in Mainz den Bericht I niederschrieb, im Uebrigen nichts; was er selbst über seine Thätigkeit in jener Bemerkung sagt, belehrt uns, dass er eine oder mehrere schriftliche Quellen vor sich hatte, die er nach ihm in Mainz gemachten Angaben ordnete und durch Erkundigungen, welche er daselbst einzog, aus mündlicher Ueberlieferung ergänzte. Die einzelnen Bestandteile seiner Quellen, die er gewöhnlich durch den nicht sehr geschickten Uebergang 'Und nun will ich berichten', 'und nun will ich erzählen' mehr aneinander hängt, als mit einander verknüpft, lassen sich bei aufmerksamer Prüfung noch deutlich von einander scheiden, wie im Folgenden geschehen wird. Uebrigens ist sein Bericht nicht vollständig auf uns gekommen. Dem Anfang der Londoner Hs. 'und nun will ich berichten, wie sich die Verfolgung in den noch übrigen Gemeinden ... ausgebreitet hat', muss ein Abschnitt vorangegangen sein, der über Speyer und Worms ausführlichere Mittheilungen enthielt und auf den sich der Verf. mehrfach zurückbezieht (s. unten S. 84 N. 37, S. 85 N. 47). Wahrscheinlich ist dieser Anfang eben deshalb von dem Copisten unserer Hs. fortgelassen worden, weil in ihr das Martyrium von Speyer und Worms noch einmal, wohl nach einer anderen Quelle, berichtet wird.

Vergleicht man nun die drei Relationen mit einander, so zeigt sich sofort und auf den ersten Blick eine weitgehende wörtliche Uebereinstimmung zwischen allen dreien, die uns nöthigt, die Frage aufzuwerfen, in welchem Verhältniss sie zu einauder stehen. Im Grossen stellt dasselbe sich so dar, dass I in seinem Bericht über Worms und Speyer vielfach mit II zusammentrifft, während III hier ganz selbständig ist. Dagegen stimmt der Bericht über Mainz in I und III vielfach überein, II ist hier viel kürzer. Der Bericht über den Niederrhein fehlt in III ganz, findet sich dagegen vielfach übereinstimmend in I und II. Ueber andere Gemeinden und über die späteren Schicksale der Kreuzfahrer endlich berichtet nur I ausführlicher.

Erscheint es schon hiernach wenig wahrscheinlich, dass einer unserer drei Berichte unmittelbar aus dem oder den anderen abgeleitet ist, so lässt sich die Unmöglichkeit eines solchen unmittelbaren Zusammenhangs bei genauerer Untersuchung sofort darthun.

Dem Verfasser von III kann I nicht vorgelegen haben, wie sich aus seinem Schlusssatz S. 186 ergiebt: 'Alles dieses thaten die hier mit Namen Erwähnten. Was die übrige Gemeinde (von Mainz) und deren Führer für die Einheit des göttlichen Namens .... gethan... haben... das ist mir nicht näher bekannt geworden'. Hätte er I gekannt, so würde er noch über eine erhebliche Anzahl von Mainzer Märtyrern, insbesondere auch über das in I S. 110 ff. ausführlich erzählte spätere Schicksal des Führers der Gemeinde R. Kalonymos, dessen Flucht in das 'Secretarium' des Erzbischofs er S. 180 erwähnt, von dessen Tod er aber nichts erzählt, zu berichten gewusst haben.

Ebensowenig kann II als Auszug aus I angesehen werden. Schon in den Berichten über Worms und Speyer, die in beiden Relationen sehr vielfach übereinstimmen, finden sich manche Abweichungen. Es will wenig besagen, dass in Speyer I (S. 84, übereinstimmend mit III S. 171) eilf, II aber nur zehn Personen das Martyrium erleiden lässt; wichtiger aber ist schon, dass die ausführlichen, unter sich wörtlich übereinstimmenden Angaben über die gegenseitige Schlachtung in Worms in I (S. 85) nur auf die in den bischöflichen Palast geflüchteten, in II (S. 156) auch auf die in ihren Häusern gebliebenen Juden bezogen werden. Weiter hat II S. 156 eine Nachricht über Worms, die in I fehlt; in I konnte sein Verf. die ausführliche Erzählung von dem Jüngling Simcha, der einen Verwandten des Bischofs tötete und dann selbst niedergemacht wurde, nicht finden. Allerdings könnte diese Notiz [16]) in dem verlorenen Theile von I gestanden haben. Aber

---

[16]) Vgl. darüber auch III S. 175.

solches Auskunftsmittel versagt bei den Differenzen in dem Bericht über Mainz. Hier hat II andere Zahlen als I; II S. 158 veranschlagt die Gesammtzahl der Gefallenen auf 1300, I S. 98, 110 auf 1100; die Zahl der auf die Dörfer geflüchteten giebt II S. 158 auf 60, I S. 111f. auf 53 (oder 54) an. Ganz abweichend berichten beide den Synagogenbrand; Mar Isac, der ihn anlegt, hat nach I S. 106 einen Sohn und eine Tochter, nach II S. 158 zwei Töchter; Mar Uri verbrennt nach II S. 158 in der Synagoge, nach I S. 107 hat er nicht in dieselbe gelangen können, sondern ist auf dem Wege dahin erschlagen worden. Was endlich Köln und Umgegend betrifft, so ist schon in den Anmerkungen zu I mehrfach darauf aufmerksam gemacht worden, dass in II die Datirung der Ereignisse correcter ist, als in I. Weiter aber weichen die Berichte auch hier in den Einzelheiten vielfach ab,[17]) und was entscheidend ist, wenn sehr oft I ausführlicher berichtet, so hat auch hier nicht selten II ein Plus an Nachrichten. So giebt nur II S. 160 den Namen Wevelinghofen, der in I S. 118 fehlt, und nennt hier einige Märtyrer, die I nicht kennt; so giebt II auch bei der Verfolgung im Dorf Altenahr S. 162 vier Namen, die in I S. 121ff. fehlen; so spricht II S. 162 bei Xanten von einem 'Rabbi aus Frankreich', welche Bezeichnung I nicht kennt u. dgl. m.

Ist es bei diesem Thatbestand unmöglich II und III aus I abzuleiten, so bleibt noch zu erwägen, ob nicht I als eine Compilation aus II und III angesehen werden darf, die Salomo bar Simeon auf Grund mündlicher Erkundigungen, die er in Mainz einzog, ergänzt hätte. Allein auch diese Annahme erweist sich als unhaltbar.[18]) Denn wenn einerseits II und III ein Plus von Nachrichten I gegenüber enthalten, so bringt andererseits I nicht bloss in den Partieen, welche ersichtlich auf mündliche Ueberlieferung zurückgehen, sondern auch in denjenigen, welche ihm mit II und III gemeinsam sind, und in denen wörtliche Uebereinstimmung zu Tage tritt, eine grosse Zahl von Angaben, welche dort vermisst werden. So giebt z. B. S. 92 I bei Gelegenheit der mit III S. 178 übereinstimmenden Charakteristik des Emicho eine Notiz über eine angebliche Vision desselben, die

---

[17]) Das Martyrium des gewaltsam getauften R. Isac Halevi verlegt II S. 161 nach der Stadt Altenahr, während I S. 118 denselben Vorgang von der Verfolgung in Neuss berichtet.

[18]) (Ganz abgesehen davon, dass sie dem widerspricht, was wir oben S. XIV f. über das vermuthliche Alter von III ausgeführt haben.

in III fehlt, hat S. 93 allein die Nachricht, dass Emicho mit sieben Pfund Goldes bestochen worden sei,[19]) nennt S. 99 den Märtyrer, der in III S. 179 als R. Menachem b. David bezeichnet wird, Sohn des Jehudah, weiss S. 101 den Namen des Gatten der Rahel, den III S. 182 nicht kennt, und berichtet bei der von I und III mit vielen wörtlichen Uebereinstimmungen erzählten Episode von der grauenvollen That der letzteren allein den Zug, dass die beiden Töchter Bella und Matrona selbst das Schlachtmesser geschärft haben, sowie den Selbstmord des Vaters, als er den Tod seiner Kinder erfährt. Ebenso deutlich tritt das gleiche Verhältniss im Vergleich zu II bei dem Bericht über die niederrheinischen Vorgänge hervor. Bei dem Martyrium in Wevelinghofen, wo I, wie schon erwähnt, den Ortsnamen nicht bringt, weiss es dafür den Tod des Samuel b. Gedaljah zu erzählen, der in II fehlt. Ebenso kennt I allein im Dort Altenahr das Schicksal der Sarith, Schwiegertochter des Mar Jehudah ben Abraham, nennt bei Xanten allein den R. Natronai und den R. Moscheh, weiss bei Mörs allein die Namen der beiden Speyerer Söhne des Mar Schemaria anzuführen, hat eine in III fehlende Notiz über die Vorgänge in Kerpen u. dgl. m. Und wenn man bei den Berichten über Mainz es allenfalls für möglich halten könnte, dass Salomo bar Simeon, der 1140 in Mainz schrieb, die Einzelheiten, die er vor III voraus hat, auf Grund mündlicher Erkundigung dort erfahren und in den Bericht seiner Quelle eingeschaltet habe, so wird schwerlich jemand glauben, dass er fast ein halbes Jahrhundert nach den Ereignissen in Mainz auch jene niederrheinischen Namen hätte ohne schriftliche Quelle in Erfahrung bringen können, die er bietet, während sie in II nicht zu finden sind. Aber auch bei den Berichten über Mainz wäre das Verfahren des Verf. von I, wenn ihm wirklich III vorgelegen hätte, durchaus unerklärlich; niemand würde begreifen, warum er bald wichtige und für das Verständniss des Ganzen schwer entbehrliche Angaben seiner Quelle, wie etwa S. 94f. die in III S. 179 berichtete Thatsache, dass die in die Stadt eingedrungenen Kreuzfahrer vor die bischöfliche Pfalz ziehen, die man bei ihm erst aus den folgenden Angaben über den Kampf am Thor der Pfalz erschliessen muss, fortgelassen und bald andere z. Th. wenig erhebliche Zusätze zu

---

[19]) Ich will hier berichtigend zu Baers Bemerkung S. 140 N. 182 nachtragen, dass die Deutung des Namens כילנים auf Leiningen durchaus zweifelhaft ist. Aronius, Regesten nr. 185, S. 87 denkt an Müllheim im Nahegau.

derselben gemacht und in den Bericht seiner Quelle eingefügt
hätte; wie denn überhaupt eine solche mehr selbständige Thätigkeit dem Bilde, das wir aus seiner so oft verworrenen und unklaren Darstellung von seiner schriftstellerischen Individualität
gewinnen, keineswegs entsprechen würde.

Doch ich bin vielleicht für diejenigen, die mit der Methode
kritischer Untersuchungen über mittelalterliche Geschichtsquellen
vertraut sind, schon zu ausführlich geworden. Das Ergebniss
dieser Erörterungen aber scheint mir gesichert: zwischen unseren
drei Berichten besteht kein unmittelbarer, sondern nur ein mittelbarer Zusammenhang; keiner von ihnen hat den anderen direct
ausgeschrieben, sondern ihre Verwandtschaft beruht auf der Benutzung gemeinsamer Quellen, die ihnen allen vorgelegen
haben, natürlich nicht in der gleichen Handschrift, sondern
— woraus sich kleinere Abweichungen in Namen und Daten
erklären — in verschiedenen, in Einzelheiten differirenden
Fassungen.

Solcher gemeinsamen Quellen haben wir zunächst mindestens
zwei anzunehmen, einen Bericht über die Mainzer und einen
Bericht über die Kölner, beziehungsweise niederrheinische Verfolgung; ich will sie im Folgenden mit den Siglen M und K
bezeichnen. Beide unterscheiden sich leicht erkennbar auch
durch die Form der Darstellung: M ist lebendiger und unmittelbarer empfunden, daher denn auch hier der Berichterstatter
sehr häufig von der ersten Person Pluralis Gebrauch macht, die
man in K nur ganz vereinzelt findet.

M ist in I und III fast seinem vollen Umfang nach ausgeschrieben, in II nur ganz kurz excerpirt. Ob in M auch das
Martyrium von Worms und Speyer enthalten war, oder ob I und
II dafür einen besonderen dritten und von M wie von K verschiedenen Bericht vor sich gehabt haben, lässt sich nicht mit
voller Sicherheit entscheiden; jedenfalls hat III hier weder M
noch diesen eventuellen Bericht benutzt, sondern schöpft in diesem
Theile seiner Darstellung, wie schon oben bemerkt, aus anderen
und z. Th. entstellten Quellen. Den Schluss von M haben, wie
ich für wahrscheinlich halte, die Worte gebildet, mit denen jetzt
III (S. 186) endigt: 'Alles dieses thaten die hier mit Namen Erwähnten. Was die übrige Gemeinde und deren Führer für die
Einheit des göttlichen Namens, des Königs aller Könige, des
heiligen, gelobt sei er, gethan und vollführt haben, gleich dem

Rabbi Akiba und dessen Gefährten — das ist mir nicht näher bekannt geworden. Gott erlöse uns aus dieser Trübsal!'[20]). Worte, die zugleich zu zeigen scheinen, dass der Verf. von M den Ereignissen, die er schildert, sehr nahe gestanden haben muss; ich bin geneigt, ihn für gleichzeitig, vielleicht für einen der aus Mainz entkommenen Juden zu halten, wozu der schon erwähnte häufige Gebrauch der ersten Person Pluralis in der Erzählung trefflich stimmen würde. Demnach standen die in III fehlenden Angaben über das Schicksal des R. Kalonymos und den Mainzer Synagogenbrand nicht mehr in M; so erklärt es sich auch, dass wir in II und I so wesentlich abweichende Angaben über letzteren erhalten. Beide folgen hier mündlicher Ueberlieferung, und in I tritt es sehr deutlich hervor, dass seine Hauptquelle ihn verlassen hat. Was er über den Inhalt von M hinausgehend berichtet, ist ohne rechte Ordnung und hat deutlich den Charakter von Nachträgen. Er beginnt zunächst nach dem Martyrium des R. Samuel ben Naaman, mit welchem III schliesst, mit der Geschichte des Mar Isac und des Synagogenbrandes: 'Ich will nun erzählen und Allen kund thun, wie sich das zugetragen hat' (S. 105); dass er hier verschieden lautenden, wahrscheinlich mündlichen Berichten folgt, erhellt aus S. 107: 'Einige sagen, die gezwungen Getauften hätten gehört u. s. w., andere sagen, dass jene gehört hätten' u. s. w. Darauf folgt ein ganz ungeschickter Nachtrag über den Tod verschiedener Rabbiner im Jahre 1095, darunter des R. Elasar, dann, ebenso ungeschickt nachgetragen, Notizen über verschiedene früher nicht erwähnte Märtyrerinnen und Märtyrer. Hieran schliesst sich die Erzählung von R. Kalonymos und seinen Gefährten, abermals eingeleitet durch das Flickwort: 'Nun will ich von der Ermordung des frommen Vorstehers R. Kalonymos und seiner Gesellschaft erzählen'. (S. 110), auch in diesem Stück wiederholt sich die mündliche Quellen verrathende Wendung: einige sagen...., andere sagen.... (S. 113) und in höchst ungeschickter Weise werden die Namen der Ge-

---

[20]) An diese Worte klingt offenbar an, was in I S. 100 steht: 'Alles dies thaten die hier mit Namen Erwähnten, und was sie thaten, galt ihnen als Zehrung für die Reise. Die übrige ganze Gemeinde und deren Vorsteher, deren Thaten und Frömmigkeit nicht erwähnt sind, wie viel mehr noch haben sie gethan. Und was sie thaten, geschah in der Absicht, damit den Namen des Königs aller Könige, des Heiligen, gelobt sei er, als den Einzigen anzuerkennen gleich R. Akiba und seinen Genossen'. Aber der Gedanke ist hier, wie natürlich, da I ja mehr erzählen kann als III, ganz anders gewandt worden und deshalb auch an eine andere Stelle versetzt.

führten des Kalonymos, so viel man ihrer noch wusste, angefügt: (Auch R. Juda... und dessen Oheim Mar Isac ben Ascher wurden erschlagen'; 'auch diese waren bei dieser zweiten Gesellschaft: Mar Senior' u. s. w.; 'auch diese waren von der zweiten Partie an einem anderen Platze des Waldes Mar Abraham' u. s. w., 'auch den R. Jekuthiel bar Meschullam und seinen Schwiegersohn' u. s. w.). Am Schluss des ganzen Berichtes über Mainz nimmt I dann noch einmal auf seine Gewährsmänner Bezug: 'So bezeugen auch jene wenigen übrig gebliebenen gewaltsam Getauften, dass sie selbst gehört und gesehen haben, was jene frommen Märtyrer thaten und redeten, als man sie hinschlachtete und erwürgte'. (S. 116), um dann mit einem wiederholten 'Und nun will ich erzählen' auf Cöln überzugehen.

Wie weit K, das für das folgende von I wie von II ausgeschrieben wird,[21]) gereicht hat, ist insofern nicht ganz sicher zu sagen, als dahin gestellt bleiben muss, ob von Geldern, das in I nicht erwähnt wird, hier die Rede war, oder ob der betreffende kurze Passus einen Zusatz von II darstellt.[22]) Jedenfalls aber schloss K mit dem kurzen Hinweis auf Trier, Metz, Regensburg, Prag, den wir in I S. 131[23]) und in II S. 167 finden, und der mit einem frommen Wunsche endigt. Nachträge über Köln, wie er sie über Mainz aus Erkundigungen daselbst geschöpft hat, weiss I nicht zu geben. Einen Schluss auf die Abfassungszeit von K gestatten die Worte S. 125 'wie mir meine Vorfahren und andere Alten erzählt haben, die mit der Sache sich beschäftigt und jene grosse That mit angesehen hatten'. Ich lege dieselben lieber dem Verf. von K als dem Salomon bar Simeon in den Mund;[24]) dass sie in II fehlen, fällt nicht ins Gewicht, da Elieser über-

---

[21]) Auch der Satz S. 121 'deren Namen ich vergessen und nicht niedergeschrieben habe', hat offenbar schon in K gestanden; 'ich' ist hier also nicht Salomo bar Simon, sondern der Verf. von K.

[22]) Sicher rühren von Elieser bar Nathan her der folgende erklärende Zusatz S. 165f. über die beiden Altenahr und die daran sich schliessende Rekapitulation der Daten.

[23]) Hier noch um zwei andere Namen (רשל und בניהו) vermehrt, deren Deutung keineswegs sicher ist und die in der Quelle schwerlich standen.

[24]) Mich veranlasst dazu 1. dass Salomo bei den niederrheinischen Vorgängern sonst niemals mündliche Erzählung anführt, 2. dass die Berufung auf die eigenen Vorfahren sich im Munde eines Kölner Berichterstatters leicht erklärt. während es ein seltsamer Zufall wäre, wenn Salomos Vorfahren gerade über die Dinge in Xanten auf eigener Kunde beruhende Mittheilungen hätten machen können.

haupt die Quelle hier sehr stark verkürzt hat. Danach ist K jedenfalls mehrere Jahrzehnte nach den Ereignissen, die es erzählt, entstanden, fällt aber noch in eine Zeit, da noch Augenzeugen der Vorgänge lebten. Man mag etwa auf 1120—1140 rathen. Auch der, wie schon bemerkt, im Vergleich zu M ruhigere und kühlere Ton des Berichtes stimmt zu dieser Ansetzung.

Fährt I dann fort S. 131: 'Es wurde mir erzählt, was sich in Trier ereignete', so hat ihm auch hier, trotz des auf mündliche Quelle hinweisenden Ausdrucks, wahrscheinlich ein schriftlicher Bericht vorgelegen, wie ich aus der grossen Ausführlichkeit der ganzen Erzählung und aus der auch hier mehrfach wiederkehrenden ersten Person Pluralis schliesse; diese in einem Satze wie etwa S. 131 'damals, als er hierher kam, verging uns das Leben, brach uns das Herz, Zittern ergriff uns, und unser Fest verwandelte sich in Trauer' lediglich auf die Lebendigkeit der Darstellung des Salomo bar Simeon zurückzuführen, scheint mir schon wegen des 'hierher' unzulässig, aber auch darum nicht gerathen, weil diese Form sich häufiger nur in den Berichten über Mainz und Trier, aber nicht in dem über Köln findet. Auch die genaue Kenntniss der Localitäten lässt auf einen Trierer Berichterstatter schliessen.

Die folgenden ganz kurzen Berichte über Metz ('Nun will ich von jenen in Metz erzählen' S. 137), Regensburg und die räthselhafte Stadt יצלה nöthigen nirgends eine schriftliche Quelle anzunehmen, ebensowenig wie das, was über das spätere Schicksal der Getauften und — in ganz entstellter und sagenhafter Weise — über den Ausgang der Kreuzfahrt berichtet wird, auf eine solche schliessen lässt. Ob der S. 142 folgende Bericht über die Rückkehr der nach Speyer geflüchteten Mainzer Juden und den Wiederaufbau der Mainzer Synagoge, der von einem der Geflüchteten selbst verfasst ist, als ein von Salomo bar Simeon selbst seinem Werke hinzugefügter Nachtrag anzusehen ist, oder von Anderen an dasselbe angeschlossen ist, muss ganz dahingestellt bleiben. Jedenfalls hat das in unserer Uebersetzung an letzter Stelle gedruckte Stück der Londoner Handschrift, das die Ueberschrift trägt 'dies von den verbrannten Frommen' mit der Arbeit Salomo bar Simeons nichts mehr zu thun; wir kommen unten darauf zurück.

Keine erheblichen Schwierigkeiten bereiten der kritischen Forschung die Berichte IV und V. IV, das 'Erinnerungsbuch'

(ספר זכרונות)[25]) an die Judenverfolgungen während des zweiten Kreuzzuges, ist von Ephraim bar Jakob aus Bonn verfasst, der seinen Namen in den Anfangszeilen akrostichisch angiebt, und der, wie er selbst erzählt, als dreizehnjähriger Knabe zu den Flüchtlingen in der Wolkenburg gehörte. Geboren 1132 oder 1133 zu Bonn, ein Verwandter des oben genannten Elieser bar Nathan aus Mainz[26]) hat er später zu Neuss und zuletzt in Köln gewohnt und ist auf liturgischem und talmudischem Gebiete schriftstellerisch thätig gewesen.

Dem 'Erinnerungsbuch', dessen Abfassungszeit in die fünfziger oder sechziger Jahre des 12. Jahrhunderts fallen mag, hat derselbe Verfasser später mehrere Nachträge angeschlossen, in deren Verlauf er sich auf S. 72 und 74 abermals nennt. Der erste Nachtrag schildert die Verfolgung von Blois 1171. Als Quelle für seine Erzählung von derselben nennt Ephraim selbst einen Brief des R. Jacob aus Orléans (Rabbenu Tam), und eben dieser Brief, der im Namen der Gemeinde Orléans abgefasst ist, ist uns nun in der Londoner Hs. des Salomo bar Simeon erhalten, an dessen Bericht er dort nebst einigen anderen Schriftstücken des 12. Jahrhunderts[27]) angehängt ist. Dem Martyrium von Blois hat übrigens Ephraim noch eine besondere Elegie[28]) gewidmet; auch sein Bruder Hilel gedenkt desselben in einem Selicha-Gedichte.[29])

Weitere Nachträge Ephraims behandeln ein Ereigniss aus den Rheinlanden von 1179, die englische Verfolgung von 1189, einen Kölner Judenprocess von 1171, die Eroberung Jerusalems durch Saladin und Kaiser Friedrichs I. Verhalten gegen die Juden, eine Verfolgung in Neuss 1187 (bei der Ephraim von Bonn selbst nur Vermögensverlust erlitt, da er drei Tage vorher nach Köln gereist war), die Ermordung des österreichischen Finanzbeamten R. Salomo 1196, endlich eine Speyerer Verfolgung von 1195 und ihre Bestrafung durch Herzog Otto, den Bruder Heinrichs VI. und diesen selbst.

---

[25]) So nach dem Schlusswort S. 66, etwas anders ist der Titel in der ersten Zeile S. 58 bezeichnet.
[26]) Eben-haeser S. 3b, 132b (Baer).
[27]) Einem Bericht des Baruch bar Meir über Vorgänge in Loches (1171), Auszügen aus einem Schreiben der Angesehenen von Paris, endlich einer Verordnung der Gemeinde Tours über Fasten.
[28]) לםי אי לכי אבי im Machsor Salonichi (Baer).
[29]) אביני שלכי ישראל im Musaf des Versöhnungstages, Ritus Littbauen. Vgl. Zunz, Ritus S. 127 (Baer).

XXVI

Der kurze Bericht V unseres Bandes schildert die Vorgänge in Mainz 1187 und 1188 und die Rückkehr der nach Münzenberg geflüchteten Mainzer Juden; er giebt sehr beachtenswerthe und bisher unbekannte, auch in unseren Regesten[30]) noch nicht verwerthete Mittheilungen über den wirksamen Schutz, den Kaiser Friedrich I. den Juden gegen die Kreuzfahrer zu Theil werden liess. Der Verfasser ist Elasar, Sohn des R. Jehudah ben Kalonymos, der das seiner hohen Morallehren halber geschätzte Buch Rokeach geschrieben hat[31]) und daher selbst unter dem Namen Rokeach bekannt ist. Meist wird er Elasar aus Worms genannt, weil er dort gewohnt und gelehrt hat, dort gestorben und begraben ist. Bisher nahm man an, dass er auch dort geboren sei; aber, wie S. Baer bemerkt, unser Bericht macht vielmehr wahrscheinlich, dass er aus Mainz stammt, wo sein Vater Rabbiner war, wo er selbst bei den Vorgängen von 1188 anwesend war, und wohin er im April zurückkehrte. Hier lebte auch sein Schwager, der Vorsänger R. Mosch eh bar Elieser Hakohen,[32]) der in Mainz zurückblieb, als Elasar nach Münzenberg floh, und von welchem er dort einen Brief erhielt, den er unserem Berichte einverleibt hat. Wann er dann nach Worms übergesiedelt ist, lässt sich nicht genau bestimmen; jedenfalls wohnte er 1196 schon in Worms, denn in jenem Jahre wurde er dort von Kreuzzüglern überfallen und, wie er selbst berichtet, wurden seine Frau und seine drei Kinder vor seinen Augen erschlagen.[33]) Er selbst hat seine Frau noch lange überlebt, da er noch der Mainzer Rabbinersynode von 1223 beiwohnte:[34]) wenn die Eingangsnotiz zu unserem Berichte noch von ihm selbst demselben vorangestellt ist und nicht ein fremder Zusatz ist, was freilich dahingestellt bleiben muss, muss er sogar noch 1241 am Leben gewesen sein.

---

[30]) Ich benutze diese Gelegenheit um zu bemerken, dass auch die früheren Berichte unseres Bandes in den Regesten noch nicht in der vorliegenden Uebersetzung, sondern nur in einem Entwurf einer solchen und auch in diesem nur unter erheblichen Schwierigkeiten benutzt werden konnten. So haben sich leider mehrfach unrichtige Angaben in die Regesten eingeschlichen, die in dem Schlussheft derselben richtig gestellt werden sollen.

[31]) Vgl. Zunz, Zur Gesch. und Literatur S. 77 ff. 131 f.

[32]) Wahrscheinlich derselbe, den Zunz, Literaturgesch. S. 494, erwähnt. (Baer).

[33]) Vgl. Landshuth, Onomasticon I, 25; Zunz, Literaturgesch. S. 317—325. (Baer); Aronius, Regesten nr. 340.

[34]) Vgl. ר״ם של שלמה zu Jebamoth IV nr. 18 (Baer).

Die Uebersetzung der in vorstehenden gekennzeichneten Berichte, welche von Herrn Dr. S. Baer in Biebrich herrührt, und für welche dieser die wissenschaftliche Verantwortlichkeit übernimmt,[35]) hat es sich zur Aufgabe gestellt, den Wortlaut der hebräischen Quellen so getreu wiederzugeben, als das möglich war, wenn ein lesbarer Text hergestellt werden sollte. Dass der Uebersetzer dabei mit den erheblichsten Schwierigkeiten zu kämpfen hatte, weiss jeder, der sich je mit hebräischen Schriftwerken des Mittelalters zu beschäftigen gehabt hat; und die Leser werden ihm die Anerkennung für seine Leistung, deren Werth noch durch den sorgfältigen Nachweis der Entlehnungen aus Bibel, Talmud und sonstigen älteren Schriften erhöht wird, um so weniger versagen, als es ihm, wenn mich mein Gefühl nicht trügt, in vorzüglicher Weise gelungen ist, bei der Uebertragung in ein flüssiges Deutsch den eigenthümlichen Ton und die Klangfarbe der Originaltexte zu wahren.

Nur in einer Beziehung weicht unsere Uebersetzung von dem Wortlaut der hebräischen Berichte mehrfach ab. Die Abweichung beruht auf einem von der 'Historischen Commission für Geschichte der Juden in Deutschland' gefassten Beschlusse, den ich hier näher darzulegen von der Commission beauftragt worden bin.[36])

Die Kenner der neuhebräischen Literatur wissen, dass es von den Juden des Mittelalters vermieden wurde, gewisse Verhältnisse der nichtjüdischen Culte mit den ihnen von Christen und anderen nichtjüdischen Völkern gegebenen Namen zu bezeichnen. Soweit unsere Berichte in Frage kommen, sind es im Wesentlichen folgende sechs Ausdrücke 1. 'Christus', 2. 'Kirche', 3. 'heiliges Grab', 4. 'Christen', 5. 'taufen', 6. 'Kreuz', welche man auszusprechen vermied und für welche man vielmehr andere Bezeichnungen anwandte, die das Gegentheil von Gott, Heiligthum, Wahrheit, Reinheit bezeichnen, so dass man also z. B. für 1. sagte: 'der Gehängte', 'der Sohn der Abgesonderten', 'der gehängte Bastard',[37]) für 2. 'Haus der Unreinheit', 'Greuel', 'Haus der fremden Dienste', für 3. 'ihr Irrthum', 'Stätte der Schande', für 4. 'die Unbeschnittenen', 'die unreinen Unbeschnittenen', für

---

[35]) Einer Durchsicht derselben hat sich Herr Director Dr. Baerwald in Frankfurt a. M. unterzogen; dieser und der Unterzeichnete haben auch einige nicht besonders bezeichnete Beiträge zu den Noten Baers beigesteuert.

[36]) Was ich im Folgenden ausführe, beruht ganz auf Mittheilungen Baerwalds, da mir selbst die Kenntniss der einschlägigen Literatur abgeht.

[37]) Oft noch mit anderen gehäuften Schmähungen.

5. 'zu beschmutzen mit ihrem Schmutz', 'zu beschmutzen mit übelriechendem Wasser', für 6. 'böses Zeichen' u. dgl. m. Diese und ähnliche Ausdrücke, die sich in älteren Schriften finden, sind vollkommen typisch geworden; man findet eine reichhaltige Zusammenstellung dessen, was so vorkommt, bei Zunz, Die synagogale Poesie des Mittelalters S. 448ff.

Eine wörtliche Uebersetzung dieser Stellen schien uns aus zwei Gründen unthunlich. Einmal, weil durch manche dieser Schmähungen, insbesondere die an den Namen Christus geknüpften, heutigen Lesern Aergerniss gegeben werden könnte, das wir zu vermeiden wünschten. Sodann aber, weil diese Ausdrücke, da sie vollkommen typisch geworden sind, in unseren Berichten auch den Christen selbst in den Mund gelegt werden und hier bei wörtlicher Uebersetzung einen Text geben würden, der manchen heutigen Benutzern schlechthin unverständlich bleiben würde. Lassen z. B. unsere Berichte, wörtlich übersetzt, die Christen sagen: 'wir gehen in das Haus unserer Schande', 'wir wollen die Juden vertilgen und es soll der Name Israels nicht mehr gedacht werden, oder sie sollen sein wie wir und sich mit uns bekennen zum Sohne des Ehebruchs', oder heisst es 'da sprach der Pfarrer: sehet, im Haus des Bischofs ist niemand übrig geblieben, alle sind getötet worden, ausser denen, die sich mit Schmutz besudelt haben und zu ihrer Lehre übergetreten sind; thue auch Du also' u. s. w., oder 'da sprachen einige der Fürsten dieses Reiches: was sitzen wir hier, lasset auch uns mit ihnen (den Kreuzfahrern) ziehen, denn jedermann, der diesen Weg zieht und die beschwerliche Reise mitmacht, mitzuziehen zum Grabe der Unreinheit des Gekreuzigten, ist bereit und bestimmt der Hölle', — so würde hier die wörtliche Uebersetzung keinen Sinn geben und den Text, wie das bekanntlich öfter bei sklavischer Uebertragung der Fall ist, nur unverständlich machen. Gerade dieser Umstand, dass jene Schmähworte auch Christen in den Mund gelegt werden, zeigt ja übrigens deutlich, dass dieselben ganz formelhaft gebraucht werden, und dass die Schreiber, indem sie dieselben anwenden, sich kaum noch in jedem Falle des vollen Sinnes derselben bewusst gewesen sind.

Da nun überdies unsere Berichte in dieser Beziehung keinen neuen Zug bieten, alle jene Formeln aus der Zusammenstellung bei Zunz bereits bekannt sind und dem Bedürfniss nach der Sammlung weiterer Belege durch ihre Wiedergabe in den hebräischen Texten genügt sein dürfte, so hat die Commission beschlossen, in der Uebersetzung die gehäuften Schmähungen einfach fortzulassen und statt jener Formeln die verständlichen Ausdrücke 'Kirche', 'taufen' u. s. w. anwenden zu lassen. Dabei sind die Stellen, an denen die Uebersetzung nach diesem Grundsatze von dem hebräischen Texte abweicht, regelmässig mit einem Sternchen bezeichnet;[36]) es ist überdies das erste Mal, wo solche Formeln für 'Kirche', 'taufen' u. s. w. vorkommen, in der Anmerkung auf die Abweichung ausdrücklich hingewiesen und eine wörtliche Uebersetzung gegeben worden. Damit dürfte allen Bedürfnissen in dieser Beziehung genügt sein.

Die Ergebnisse, welche die historische Forschung aus unserer Publication gewinnen wird, vorweg zu nehmen, ist nicht die Aufgabe dieser Einleitung. Hier möge nur noch darauf hingewiesen werden, dass es nicht bloss die jüdische, sondern auch die allgemeine Geschichte ist, welche durch dieselben bereichert wird. Die Stellung Gottfrieds von Bouillon als Führers der deutschen Kreuzfahrer und die Haltung Heinrichs IV., Friedrichs I. und Heinrichs VI. gegenüber der Judenverfolgung treten in helleres Licht; und für die Geschichte der Kreuzzüge selbst, wie für die der städtischen Rechts- und Verfassungsentwickelung und des wirthschaftlichen Lebens fallen manche werthvolle Beiträge ab. Mögen diese bisher vernachlässigten Quellen deutscher Geschichte in der neuen Gestalt, in der wir sie der Forschung zugänglich machen, mehr Beachtung finden, als ihnen bisher von Seiten der Historiker zu Theil werden konnte und zu Theil geworden ist.

---

[36]) An einigen wenigen Stellen, wo bei „der Gekreuzigte", „Jesus" das Sternchen nicht steht, finden sich dieselben Ausdrücke im hebr. Texte, wie z. B. S. 169 Z. 16 v. u., S. 179 Z 23.

H. Bresslau.

HEBRÄISCHE TEXTE.

I.

Bericht des Salomo bar Simeon.

ועתה אספר גלגול הגזירה גם משאר הקהלות הנהרגים על שמו המיוחד ועד במה דבקו בי״י אלהי אבותיהם וייחדוהו עד מצוי נפשם:

ויהי בארבעת אלפים ושמונה מאות וחמשים ושש שנה שנת אלף ועשרים ושמונה לגלותינו באחת עשרה שנה למחזור רנ״ו אשר או קוינו לישועה ולנחמה בנבואת ירמיה הנביא רנ״ו ליעקב שמחה וצהלו[a] בראש הגוים וכו׳ ונהפך היא ליגון ואנחה בכי וצווחה ומצאוהו רבית רעות האמורות בכל התוכחות כתיב ולא כתוב עבר על נפשנו:

אשר קמו תחלה עזי פנים עם לועז הגוי המר והנמהר צרפתים ואשכנזים ויתנו לבם ללכת אל עיר הקדש אשר חיללוה פריצי עמים[b] לבקש שמה קבר ת[לוי ממזר] ולגרש משם הישמעאלים יושבי הארץ ולכבוש את הארץ לידם ושמו אותותם אותות וישימו [סימן] פסול על בגדיהם שתי וערב כל איש ואשה אשר נשא לבם ללכת בתעות הדרך אל קבר [משיחם] עד כי רבו מארבה על פני האדמה אנשים ונשים וטף ועליהם הוא נאמר ומלך אין לארבה וגו׳. ויהי בעברם דרך העיירות אשר שם יהודים אמרו אחד לחבירו הנה אנחנו הולכים בדרך רחוקה לבקש בית התרפות ולנקום נקמתינו מן הישמעאלים והנה היהודים היושבים בינינו אשר אבותיהם הרגוהו וצלבוהו הינם ננקמה מהם תחילה ונכחידם מגוי ולא יזכר שם ישראל או יהיו כמונו ויודו בבן [הניד]ה:

ויהי בשמעם הקהילות את דבריהם תפשו בידם אומנות אבותינו תשובה תפלה וצדקה ואז רפו ידי עם קדש ונמס לבם ותשש כחם וטמנו הדר בחדר מפני חרב המתהפכת ועינו נפשם בצום וצבאו שלשה ימים רצופים לילה ויום לבד שהתענו יום ויום עד צפר עורם על עצמם יבש היה כעץ וצעקו והשמיעו[c] צעקה גדולה ומרה ולא ענם אביהם וסתם תפילתם ויסך בענן לו מעבור תפלתם ונמאס אהל ויסירם מעל פניו כי היית גזירה

a) *Hds.* יצהלה. b) *Hds.* עמינו. c) *Hds.* השמעי.

מלפניו מביום פקדי וזה הדור היא נבחר לפניו להיות לו למנה כי היה בהם כח וגבורה לעמוד בהיכלו ולעשות דברו ולקדש שמו הגדול בעולמו עליהם אומר דוד ברכו יי מלאכיו גבורי כח עושי דברו וגו׳. ואיתו שנה אי״ע הפסח בחמשי בשבת וחדש אייר יום ששי בשבת[a] ובשמונה באייר ביום השבת קמו האויבים על קהל שפיירא ויהרגו בהם אחת עשרה נפשות קדושות אשר קדשו בוראם תחילה ביום שבת קדש ולא אבו להמיר בצחנתם. ושם היית אשה חשובה וחסידה ושחטה עצמה על קידוש השם והיא היית ראשונה לשוחטים ונשחטים אשר בכל הקהלות והנשארים נצלו על ידי ההגמון בלא צחן ככל הכתוב למעלה:

ובכ״ג באייר קמו על קהל וורמיישא והקהל נחלקו לשני כתות מקצתו נשארו בבתיהן ומקצתו ברחו אצל ההגמון ויקומו ואיבי[b] ערבות על אותם שהיו בבתיהם וישדדום אנשים ונשים וטף נער וזקן ויפילו המדרגות ויהרסו הבתים וישללו שלל ויבוזו בז ויקחו את התורה וירמסוה בטיט ויקרעוה וישרפוה ויאכלו את בני ישראל בכל פה. ויהי לשבעת הימים ביום ראש חדש סיון יום ביאת ישראל לסיני לקבל את התורה החרדו אותם אשר נשארו עדיין בחצר ההגמון ויתעוללו בהם האויבים כמו לראשונים ויתנום לחרב והם נתחזקו במעשה אחיהם ונהרגו וקידשו את השם לעין כל ופשטו צוארם להתיז ראשם על שם יוצרם. ומהם ששלחו יד בעצמם וקיימו אם על בנים רוטשה ואב על בני[ו] נפל כי נשחט עליהם ושחטו איש אחיו ואיש את קרובו ואשתו ובניו וגם חתנים ארוסותיהם ונשים רחמניות את יחידיהם[c] וכולם בלב שלם קיבלו עליהם דין שמים ובהשלמת נפשם לקונם היו צועקים שמע ישראל יי אלהינו יי אחד. והאויבים הפשיטום ויסחבים סחוב והשלך ולא ישאירו מהם זולתי מעט מזער אשר אנסו והטבילום בעל כרחם במי צחנתם וכנגד שמונה מאות היו מספר ההרוגים אשר נהרגו באילו שני ימים וכולם נתנו לקבורה ערומים ועליהם מקונן ירמיה האמונים עלי תולע חבקו אשפתות והוכיחו שמם למעלה תכרם אלהים לטובה:

ויהי כאשר שמעו אנשי קודש חסידי עליון קהילה הקדושה אשר במגנצא כהן וצונה לכל הקהילות אשר שמם הולך בכל המדינות אשר נהרגו קצת הקהל שבשפיירא וקהל וורמיישא בפעם שניה ונגעה חרב עדיהם או רפתה ידם ונמס לבם ויהי למים. ויצעקו אל יי בכל לבם ויאמרו יי אלהי ישראל האתה עושה את שארית ישראל [כלה] ואיה כל נפלאותיך הנוראות אשר סיפרו לנו אבותינו לאמר הלא ממצרים ומבבל העליתנו וכמה פעמים הצלתנו ואיך עתה עזבתנו ונטשתנו יי לתת אותנו ביד אדום הרשעה להשמידינו אל תרחק ממנו כי צרה קרובה ואין עוזר לנו. ויתקבצו יחד נשיאי ישראל לתת להם עצה טובה אם יוכלו להינצל ויאמרו זה לזה נבחרה לנו מזקנינו ונדעה מה

———

a) Hs. ישבת. b) Hs. ואיבים. c) Hs. יחידהם.

נעשה כי בלעוגי[a] הרעה הגדולה הזאת[b]. ובאו בעצה אחת לתרת פדיק נפשם לפור ממונם ולהשחיד השרים והסגנים והגמונים והפחות ויקומו ראשי העדה החשובים בעיני[c] הגמון ויבואו אל הגמון ואל שריו ועבדיו לדבר עמם ויאמרו להם מה נעשה מן השמיעה אשר שמענו על אחינו אשר בשפיירא ובוורמיישא שנהרגו. ויאמרו אליהם שמעו לעצתינו והביאו כל הממון שלכם אל בית אוצרותינו ואתם נשיכם ובניכם ובנותיכם וכל אשר לכם הכנסו[d] בחדר הגמון עד שיעברו אילו הגייסות ואז תיכלו להנצל מיד התועים. והם עשו ונתנו עיצה זו כדי לאוספנו ולמוסרנו בידם ולאחוז אותנו כדגים הנאחזים במצודה רעה ויקחו הממון שלנו כאשר עשו לבסוף סופו מוכיח על תחילתו. וגם הגמון קיבץ את שריו ועבדיו שרים גדולים חורי הארץ כדי לעזרנו כי בתחלה היה רצונו להצילנו בכל כחו ונתננו לו שוחד גדול על זה ולשריו ולעבדיו מעל אשר אמרו להצילנו ולבסוף כל השוחד וכל הפיוס לא הועיל להגין עלינו ביום עברה בפני הפורענות: —

בעת ההיא קם רוכום גוטבירהט שמו ישתחקו עצמותיו ברוחו הקשה כי התעהו רוח זנונים לילך עם ההולכים לתרפותם ונשבע להרע שלא יצא לדרכו אם לא ינקום דם התליו בדמם של ישראל ולא ישאיר שריד ופליט ממי ששם יהודי עליו וימלא אפו כנו. אמנם הוקם נודר פרץ מופת הדור ירא אלהים עקיד במזבח הפנימי רבי קלונימוס הפרנס מעדת מעגנצא שהקדים וישלח שליח למלך היינריך במלכות פולא כי נתעכב שם ט׳ שנים והגיד לו כל הקורות ויחר אף המלך וישלח ספרים בכל מדינות מלכותו לשרים ולהגמונים ולפחות ולדוכום גוטבירהט דברי שלום ועל היהודים לשמור אותם לבלתי נגוע בהם איש להרע להם בגופם ולהיות עזר להם ומנוס אחריהם ונשבע הדוכום הרשע מעולם לא עלה על דעתו לעשות להם שום רעה. ועל כל זאת שיחדוהו בקולוניא ה׳ מאות זקקים כסף וכמו כן במעגנצא שיחדוהו והבטיחם במשענה לעשות להם שלום ועשה השלום סר מעליהם והעליב עיניו מעמו והסגירם[e] על ידי חרב וכל נביא וחוזה וכל חכם לב ונבון דעת לא יכול לעמוד על העיקר היאך כבד חטאת עדה מי מנה וחיבלו נפשות קהילות הקדושות באילו היו שופכים דמים זולתי וודאי הנה הוא שופט צדק ולנו הדיבה:

ואז רבו המים הזדונים ויחפאו על עם יי אשר לא כן ויאמרו אתם בני אותם שהרגו את יראתינו ותלוהו על עץ וגם הוא אומר עוד יהיה יום שיבואו בני וינקמו דמי ואנו בניו ועלינו לנקום נקמתו מכם כי אתם המורדים והפושעים בו ומעולם לא נתקררה דעת אלהיכם עליכם כאשר אמר להטיב לכם כי אתם הרעיתם לפניו. ועל זאת שכח אתכם ולא חפץ עוד בכם כי קשה עורף

a) *So.* b) *So. In der Handschrift folgt noch* לבי. c) *So am Rande der Handschrift. Im Text steht* בעצה. d) *Hds.* הכניסו. e) *Hds.* והגידם.

הייתם וחלק עצמו מכם והאיר עלינו ולקח אותנו לחלקו. וכשמעינו חרד לבינו ויתר ממקומו והחשינו דומיה וישבנו במחשכים כמיתי עולם עד ישקיף וירא יי משמים:

ויבא גם השטן הפפיוס של רומי הרשעה ויעבר קול בכל הגוים אשר האמינו בנצר נאפוף הם בני שעיר שיתקבצו[a] יחד ויעלו לירושלים ויכבשו העיר לידם דיך סלולה לתועים וילכו[b] לקבר ....[c] אשר קבלוה לאליה עליהם. יבא השטן ויתערב בין האומות ויאספו כולם כאיש אחד יחד לקיים הצווי ויביאו כחול אשר על שפת הים וקולם המק סופה וסערה. ויהי כנאספו מרי דלי ויתיעצו עצית רעות על עם יי ויאמרו למה זה הם טרודים להלחם עם ישמעאלים סביבי ירושלים הלא ביניהם עם שאינם חוששך ליראתם ואף כי אבותם תלו את אלוהיהם למה נחיה איתם ולמה יהיה חנייתם בינינו נתחיל בראשם סייפינו ואחר כך נלך בדרך העותינו. ויפג לבם של עם אלהינו ולא קמה בם רוח אלוספים[d] פגעים רעים הם ולקו כמה פעמים ויבואו ויפילו תהן פני יי ויצומו וימעטו דמם וחלבם וימס לבב ישראל בקרבו. ויעש יי כאשר דבר כי הטאני לו ויטש משכן שילה מקדש מעט אשר שיכן בעמו בין הגוים ויחר אפו והריק אחריהם חרב עד נותרו כתורן בראש ההר וכנס על הגבעה ויתן לשבי עוזו וירמסהו ברגלים. ראה יי והביטה למי עוללת כה הלא ישראל עם בווי ושסוי חבל נורלך למה הרימות מגן צריו ולמה גבריו היל שמעו כי נאנחה אני וכל שומעי תצלנה שתי אזניו איכה נשבר מטה עז מקל תפארה עדת קדושה המסולאים בפז קהילת מעגנצא אשר היתה ביבה מעם יי למען נסית בם את יריאיו לסבול עול יראתו הטהורה: —

ויהי היום ותבא גויה אחת ותביא עמה אווזה אשר היתה מגדלת משהיה אפרוח והיה האיווה הולך בכל מקום שהגויה הולכת והיתה צווחת ואומרת לכל עובר ושב ראו שזה האווזה מבין בעצמו מה שאמרתי לילך להעית ורוצה גם הוא לילך עמי. אז נתקבצו התועים והעירונים ועמי הארץ עלינו ויאמרו אלינו איה הבטחה שלכם איך תוכלו להנצל עתה תיראו כי אילו האותות עשה להם הצלוב לעיניהם כדי לעשות נקמה באויביהם ויבואו כולם בחרבות להשמידנו ויבואו קצת מן העירונים החשובים ועמדו מנגד ולא הניחום להזיק לנו. ובאותו שעה עמדו התועים כלב אחד כנגד העירונים והכום אילו כנגד אחד עד שהרגו אחד מן התועים ויאמרו כל אלה עשו היהודים וכמעט נאספו כולם עליהם וידברו אתם קשות להתגולל ולהתנפל עלידם. וכאשר ראו אנשי קדש כל אילו הדברים וימס לבבם וכששמעו את דבריהם ויאמרו הגדולים והקטנים מי יתן מותנו ביד יי שלא נמות ביד אויבי יי לפי שהוא מלך רחמן יהיד בעולמו. ויניחו בתיהם שוממין ולבית הכנסת לא באו כי אם ביום השבת במוך לראש חדש סיון והוא שבת האחרון סמוך לגזירתינו שנכנסו שם מתי מעט להתפלל ור' יהודה בר' יצחק נכנס לשם להתפלל באותו מנין ובכו בבכיה

---

a) *Hds.* יתקבצו. b) *Hds.* שילבו. c) *Raum in der Handschrift.* d) *So. Am Rande der Handschrift* פי' כל....

גדולה עד יציאת הנפש כי ראו כי גזירת מלך מלכי המלכים היה ומי יפר. ויהי שם תלמיד וותיק ר׳ ברוך ב״ר׳ יצחק ויאמר אלינו דעו באמת וביושר כי גזרה גזורה עלינו מן השמים ואין אנו יכולין להנצל כי הלילה שמענו אני וחתני יהודה הנפשות שהיו מתפללין הלילה בבית הכנסת בקול גדול כמו בכי ובששמענו הקול והיינו סבורים שמא באו מחצר ההגמון קצת הקהל להתפלל בבית הכנסת בחצי הלילה ומתוך צרה ומתוך מרירות הלב רצנו אל פתח בית הכנסת לראות מי היו המתפללים והיה הדלת סגור הקול שמענו ובכיה גדולה אבל לא הבננו כלום מה שמדברים ושבנו[a] מפוחדים אל ביתינו כי הבית היה סמוך לבית הכנסת. ויהי כאשר שמענו אלו דברים ונפלנו על פנינו ואמרנו אהה יי אלהים האתה עושה את שארית ישראל כלה. וילכו ויגידו קורותם לאחיהם שבחצר הפחה ובחדרי ההגמון וידעו כי היתה גזירה מאת יי ויבכו הם בכי גדולה והצדיקו עליהם את הדין ואמרו צדיק אתה יי וישר משפטיך:

ויהי בראש חדש סיון ויבא אימבו[b] הפחה צורר כל היהודים ישתחקו עצמותיו בריחים של ברזל בחייל כבד מחוץ לעיר עם התועים ועם הארץ באוהלים והיו שערי העיר סגורים לפניו כי גם היא אומר רצוני ללכת להעיר ונעשה ראש הגייסות ובדא׳[c] מלבו כי בא אליו שליח התלוי ויתן אות בבשרו להודיעו לכשיבא לאיטליא של יון ויבא אליו בעצמו ויבהירנו בנור מלכות וינצח אויביו. והוא היה ראש לכל צוררינו על זקן ועל בתולה לא חמל ועל עולל ויונק והולה לא חסה עינו וישם את עם יי כעפר לדוש בחוריהם הרג בחרב והריותיהם בקע ויחנו מחוץ לעיר שני ימים. ובעת ההיא שבא הרשע למענצא ללכת לירושלים ויבואו זקן העם אל ההגמון שלהם רוטהרט וישחדוהו בשלש מאות זקוקים כסף. ודעתו היה ללכת אל הכפרים שהיו תחת ידי ההגמונים ובאו הקהל בשחדו אותו ובקשו לו עד שעמד אצלם במענצא והכניס כל הקהל בחדר תפנימי שלו[d] ואומר נרציתי לעזור לכם וגם הפחה אומר גם אני רוצה לעכב עמי כאן עליכם לעזרה ועליכם ליתן כל מהסורנו[e] עד שיתעברו המכומנים ואמרו הקהל לעשות כן ונתרצו שניהם ההגמון והפחה ואמרו נמות עמכם או נחיה אתכם. ואז אמרו הקהל עתה מאחר שנתרצו אילו הקרובים אצלינו ומכירנו להושיענו נשגר גם לאימבו הרשע ממוננו וכתבינו בידו כדי שיכבדוהו הקהילות בדרך אולי יעשה יי בחסדו הגדול וישיב מעלינו כי לכן פזרנו את ממוננו לתת להגמון ולשריו ולעבדיו ולעירונים כנגד ארבע מאות זקוקים כסף. ונתנו לאימבו הרשע כסף ז׳ ליטרא של זהב כדי לעוזרינו ולא הועיל לנו מאומה ולא ניתן לנו עד עתה ארוכה למכתינו שאפילו כסדום ועמורה לא היינו כי להם נתבקשו עד עשרה כדי להצילם ולנו לא נתבקש לא עשרים ולא עשרה:

a) Hds. וישבני. b) Hds. stets איבבי. c) Hds. יבדק. d) Hds. ישלא. e) Hds. בחסרב.

ויהי ביום שלשה בסיון אשר היה יום קידוש ופרישה לישראל במתן תורה באותו יום שאמר משה רבינו ע״ה היו נכונים לשלשת ימים אותו היום הופרשו קהל מַגֶנְצא חסידי עליון בקדושה ובטהרה והוקדשו לעלות אל האלהים כולם יחד כי היו נעימים בחייהם ובמותם לא נפרדו כי כולם בחצר הדגמון ויחר אף יי בעמו וקיים עצת התועים ועלה בידם וכל הון לא הועיל ולא צום ועינוי וצעקה וצדקה ולא נמצא עומד בפרץ לא מורה ולא נשיא ואפילו תורה הקדושה לא הגינה על לומדיה. ויצא מבת ציון כל הדרה היא מגנצא שבת קול אדירי הצאן וקול גיבורים משיבי מלחמה מצדיקי רבים עיר תהילת קריית משושי אשר כמה מעות פיזרה לאביונים ואין לכתוב בעט ברזל בגליון ספר ריב מעשים אשר היה בה מימות עולם במקומ[a] אחד תורה וגדולה ועושר וכבוד וחכמה וענוה ומעשים טובים לעשות גדר על גדר כיג לדבריהם ועתה נבלעה חכמתם ונהיו כלייה כבני ירושלים בחורבנם. ויהי בחצי היום ויבא אימכו הרשע צורר היהודים הוא וכל חילו על השער ויפתחו לו העירונים השער ויאמרו איבי יי איש אל רעהו ראו כי פתחו לנו השער עתה ניקום דמי [התלוי]. וכאשר ראו בני ברית קדש שהיו שם הקדושים יריאי עליון המון הרב חיל גדול כחול אשר על שפת הים ודבקו בבוראם ואז לבשו שריונים וחגרו כלי מלחמתם מגדולים ועד קטנים ור׳ קלונימוס בר משולם הפרנס בראש ומרוב צרות ותעניות שעשו לא היה בהם כח לעמוד בנגד האויבים ואז באו כתות וכולשת שוטפות כנהר עד נמלאה מגנצא פה לפה והאויב אימכו העביר קול באזני הקהל להעביר ולהבריח את האויבים מן העיר ומהומת יי רבה בעיר. ואיש ישראל חלצו איש כלי זיינו בחצר הפנימי של הגמון ויקרבו כולם אל השער להלחם עם התועים ועם העירונים וילחמו אילו בנגד אילו אל תוך השער וגרמו העונות ונצחום האויבים ולכדו את השער ותכבד יד יי על עמו ויאספו כל הגוים על היהודים שבחצר להכרית מהם שם וירפו ידי עמינו בראותם יד אדומי הרשעה תקפה עליהם. וגם אנשי הדגמון אשר הבטיחום לעזרה הם נסו תחלה כדי להסגירם ביד האויבים כי קנים רצוצים[b] המה להם וגם הדגמון עצמו ברח מן התועבה שלו כי אמרו להרוג גם אותו בעבור כי דבר טוב על ישראל. והאויבים נכנסו בתוך החצר בג׳ בסיון ביום ג׳ בשבועה יום חושך ואפילה יום ענן וערפל ינאלוהו חשך וצלמות אל ידרשהו אלוה ממעל ואל תופיע עליו נהרה אהה ליום אשר ראינו צרת נפשינו הכוכבים למה לא חשכתם את אורכם הלא ישראל שנמשלו ככוכבים וי״ב מזלות במספר שבט בני יעקב ואיך לא התאפקו אור שלכם מלהגיה לאויבים שחשבו למחות שם ישראל. כשראו בני ברית קדש כי נגזרה הגזירה ונצחום האויבים ונכנסו בחצר ויצעקו כולם יחד זקנים ובחורים בתולות וילדים עבדים ושפחות לאביהם שבשמים ובכו עליהם ועל חייהם והצדיקו עליהם דין שמים ויאמרו זה לזה נתחזק ונסבול על היראה הקדושה כי לפי שעה יהרגו אותנו

— —

a Hds. במקים. b Hds. רצצה.

האיבים וקלה שבמיתות ארבעה בחרב ונהיה חיים וקיימים נפשותינו בגן עדן באיספקלריא המאירה הגדול לעולמי עד. ויאמרו בלב שלם ובנפש חפיצה סוף דבר אין להרהר אחר מידת הקב״ה וברוך שמו שנתן לנו תורתו וציווי להמיתנו ולהרג אותנו על יחוד שמו הקדוש אשרינו אם נעשה רצונו ואשרי כל מי שנהרג[a] ונשחט וימות על יחוד שמו ויהא מזומן לעולם הבא וישב במחיצת עם הצדיקים ר׳ עקיבא וחביריו יסודי עולם הנהרגים על שמו ולא עוד אלא שנהחלף לו עולם חושך בעולם אורה ועולם של צרה בעולם שמחה ועולם עובר בעולם קיים לעד ולנצח. ואז צעקו כולם בקול גדול לאמר באחד מעתה אין לנו לעכב יותר כי האויבים כבר באים עלינו נלך במהרה נעשה ונקריב[b] עצמינו קרבן לפני יי וכל מי שיש לו מאכולת יבדוק אותו שלא יהא פגים ויבא וישחוט אותנו על קידוש יחיד חיי העולמים ואחר כך ישחוט את עצמו בגרונו או ידקור הסכין בבטנו. והאויבים מיד כשנכנסו בתוך חצר מצאו[c] שם קצת מן החסידים גמורים עם רבינו יצחק ב״ר משה עוקר הרים והוא פשט צוארו וחיתכו ראשו תחילה ונתעטפו בטליתות[d] המצויצות[e] וישבו להם בתוך החצר למהר לעשות רצון יוצרם ולא רצו לברוח תוך ההדרה להיות חיי שעה כי מאהבה קיבלו עליהם דין שמים וישליכו עליהם האויבים אבנים וחיצים ולא חיששו לנוס ויכו כל איתן אשר מצאו שם מכת חרב והרג ואבדן. ואיתם שבחדרים כשראו את המעשה הזה מאילו הצדיקים והאויבים שבאו עליהם כבר צעקו כולם עוד אין ....[f] טוב מלהקריב קרבן נפשינו. ושם חגרו נשים בעוז מתניהם וישחטו בניהם ובנותיהם וגם עצמם וגם אנשים רב אימצו כח וישחטו נשיהם ובניהם וטפם הרכה והענוגה ישחטה ילד שעשועיה ועמדו כולם איש ואשה וישחטו זה לזה והבתולות וכלות וחתנים הביטו בעד החלונים וצעקו בקול גדול הביטה וראה אלהינו מה אנו עושין על קידוש שמך הגדול בלי להמיר אותך [בתליי נצלב נצר נסחב ונתעב ומשוקץ ברורו ממזר ובן הנידה ובן הזימה][g]. ובני ציון היקרים בני מגנצא נתנסו בנסיונות עשר כאברהם אבינו ובחנניה מישאל ועזריה ואחרי כן עקדו בניהם כאשר עקד אברהם ליצחק בנו וקיבלו עליהם עול מורא שמים מלך מלכי המלכים הקב״ה בנפש חפיצה ולא אבו לכפור ולהמיר יראת מלכינו בנצר נתעב ממזר בן הנידה בן הזימה[h] ופשטו צוארם לטבח והשלימו נפשם הנקייה לאביהם שבשמים. והנשים צדקניות החסידות אשה אל אחותה פשטה צוארה לעקוד על יחוד השם ואיש בבנו ובאחיו ואח באחותו ואשה בבנה ובבתה ושכן בשכינו ורעו וחתן בכלתו וארוס בארוסתו זה עוקד ונעקד וזה עוקד ונעקד עד שנגעו דמים בדמים ונתערבו דמי אנשים בנשותיהם ודמי אבות בבניהם ודמי אחים באחיותיהם ודמי רבנים בתלמידיהם ודמי חתנים בכלותיהם ודמי חזנים בסופריהם ודמי עוללים

---

a) *Hds.* ישנהרג. b) *Hds.* ינחריב. c) *Hds.* ימצאו. d) *Hds.* בבליתו. e) *Hds.* המצינות. f) *Leere Stelle in der Handschrift.* g) *Ergänzt aus der entsprechenden Stelle der Darmstadter Handschrift. In unserer Handschrift sind die Worte rasirt.* h) *Für* כבד – הזכה *hat Handschrift die Abkürzung* כבהב.

ויונקים באימותיהם ונהרגו ונטבחו על יחוד שם הנכבד והנורא. לזאת וכזאת תצלנה אזנים שומעות[a] כי מי שמע כזאת ומי ראה כאלה שאלו נא וראו ההיית עקידה כזאת מרובות מימות אדם הראשון האם היו אלף ומאה עקידות ביום אחד כולם כעקידת יצחק בן אברהם. על אחת הרעיש העולם אשר נעקדה בהר המוריה שנ׳ הן אראלים צעקו חוצה ושמים קדרו מה עשו למה שמים לא קדרו וכוכבים לא אספו נגהם וצר ואיר למה לא חשכו בעריפתם אשר נהרגו ונשחטו ביום אחד בג׳ בסיון ביום ג אלף ומאה נפשות קדושות כמה עוללים ויונקים שלא פשעו ושלא חטאו ונפשות אביונים[b] נקיים העל אלה תתאפק יי כי עליך נהרגו[c] נפשות לאין מספר ותנקום דם עבדיך השפוך בימינו ולעינינו אמן במהרה. ואותו היום נפלה עטרת ישראל אז נפלו לומדי תורה אז בטלו האשכולות או נפלה כבוד התורה דכתיב השליך משמים ארץ תפארת ישראל ופסקו יריאי חטא ואז בטלו[d] אנשי מעשה וזיו החכמה וטהרה ופרישה וזיו הכהונה ואנשי אמנה וגודרי[e] פרץ ומשביתי גזירות רעוה[f] ועם של יוצרים ונמעטו נותני בסתר ותהי האמת נעדרת ובטלו הדורשנים ונפלו נשואי[g] פנים והדר שיבה ליום זה שמצאנו צרות רבות ואין הדך לנטות ימין ושמאל מפני חמת המציק כי מיום שחרב בית המקדש שני לא היו כמותם בישראל ואחרידם לא היה כן כי קידשו ויחדו את השם בכל לבבם ובכל נפשם ובכל מאודם. אשריהם ואשרי הלקם שכולם הם מזומנים לחיי העולם הבא וגם לי יהי חלק עמהם:

וירב בבת יהודה תאניה ואניה ויקומו עליהם האויבים ויהרגו טף ונשים נער וזקן ביום אחד פני כהנים לא נשאו וזקנים לא חננו על עוללים ויונקים לא חמלו על עוברות מליאות לא ריחמו עד לא הותירו שריד כי אם כבוהכת עד שנים או שלשה גרעינין כי כולם איוו לקדש שם בוראם וגם בבא האויב עליהם צעקו כולם בקול רם בלב אחד ופה אחד שמע ישראל יי אלהינו יי אחד. ושם היה איש חסיד וצדיק מגדולי הדור רבינו ר׳ מנחם בר׳ יהודה ידבר באזני העם ודרש לפניהם כמו שעשה יעקב אבינו אל בניו כשביקש לגלות להן את הקץ ונסתלקה ממנו השכינה ואומר שמא כשם שיצא פסול מיצחק אבינו שמא כך בי נמצא דבר פסול והם ענו ואמרו שמע ישראל יי אלהינו יי אחד וכשעשו אבותינו כשקבלו את התורה על הר סיני בזמן הזה ואמרו נעשה ונשמע וענו בקול רם שמע ישראל יי אלהינו יי אחד ואף אתם עושין כן היום. וייחדוהו בלב שלם ויעשו כאשר דבר אדוני הארץ ויצעקו כולם פה אחד ולב אחד שמע ישראל יי אלהינו יי אחד. אז היו רבינו יצחק בר משה ושאר הרבנים והחשיבים עמו והיו יושבים בחצר הרגמון ובוכים וצוארם פשוט והיו אומרים מתי יבא השודד ונקבל עלינו דין שמים וכבר ערכנו עקידות ועשינו מזבחות על שמו:

---

a) Hds. שמעית. b) Hds. אבנים. c) Hds. הרגו. d) Hds. בטלה. e) Hds. וגדרי.
f) Hds. רעיה. g) Hds. נשאי.

ועתה אגידה ואספרה נפלאות גדולות שנעשו בו ביום מאילו הצדיקים. ראו והיתה זאת מעולם מימי הראשונים כי היו דוחקים זה את זה ואיש את רעהו לאמר אני אקדש תחלה שמו של מלך מלכי המלכים הקבה. וגם הנשים הטהורות בנות מלכים היו וזרקות את המעות והכסף בעד החלונית אל האויבים כדי שיהיו טרודים ללקט הממון ולעכבם מעט עד שיגמרו שחיטתן בניהם ובנותיהם וידי נשים רחמניות שחטו ילדיהם כדי לעשות רצון יוצרם. ויהי כאשר באו האויבים אל החדרים ושיברו את הדלתות ומצאים מפרפרים ומתגוללים[a] בדם עדיין ויקחו את ממונם ויפשיטום ערומים ויכו הנותרים ולא השאירו בהם שריד ופליט וכן עשו לכל החדרים אשר היו שם בני ברית קודש רק חדר אחד אשר היה חזק מעט וילחמו גם עליהם האויבים עד הערב. ויהי כאשר ראו הקדושים כי חזקו מהם האויבים ולא יכלו לעמוד כנגדם עוד ויזחו עצמם ויקימו האנשים והנשים וישחטו את הילדים בתחילה ואחר כך הצדקניות היו משליכות את האבנים דרך החלונית על האויבים והאויבים מסלקים כנגדם באבנים והיו מקבלות האבנים עד שנעשה כל בשרם ופניהם התיכות חתיכות והיו מחרפות ומגדפות את התועים בשם [התלוי] המהולל והמשוקץ בן [זנוני]ם על מי אתם בוטחים על [פגר מובאש] ויגשו התועים לשבור הדלת. מי[b] ראה כזאת ומי שמע כה שעשתה זאת הצדקת אשה החסידה מרת רחל הבחורה בת ר׳ יצחק בר אשר אשת[c] ר׳ יהודה ותאמר אל חברותיה ארבעה ילדים יש לי גם עליהם אל תחוסו[d] פן יבאו הערלים הללו ויתפשום חיים ויהיו מקויימים בתעותם גם בהם תתקדשו שם[e] האל הקדוש. ותבא אחת מחברותיה ותקח את המאכלת לשחוט את בנה ויהי כאשר ראתה[f] אם הבנים את המאכלת והצעק צעקה גדולה ומרה והיתה מכה על פניה ועל החזה ואומרת איה חסדיך יי. ותאמר האשה אל חברותיה במרת נפשה אל תשחוט יצחק לפני אהרן אחיו שלא יראה במיתת אחיו. ויברח ממנו ותקח האשה את הנער ותשחוט אותו והוא היה קטן ונעים מאד והאם היית פורסת בתי ידיים שלה לקבל דמים וקיבלה בכנפיה הדם תמור מזרק דם. והנער אהרן כשראה שנשחט אחיו והיה צועק אימי אל תשחטיני והלך לו ונחבא תחת תיבה אחת. והיו לה עדיין שתי בנות בילא ומדרינא[g] נוות ביה בתולות היפות בנות ר׳ יהודה בעלה ולקחו הנערות המאכלת וחידדוה שלא היה פגום ופשטה צוארם וזבחה איתם לייי אלהי צבאות אשר ציונו בלי להמיר יראתו הטהורה ולהיות תמימים עמו כדכתיב תמים תהיה עם יי אלהיך. וכשהשלימה הצדקה לזבוח שלשת בניה לפני יוצרם אז הרימה קולה וקראה לבנה אהרן אהרן איפה אתה גם עליך לא אחוס ולא ארחם ותמשכהו ברגלו מתחת התיבה אשר נחבא שם ותזבחהו לפני אל רם ונישא ותשימם בשתי בתי ידיה ב׳ מכאן וב׳ מכאן

a) Hds. ויתגוללים. b) Hds. כה. c) Hds. אשר. d) Hds. הכבי. e) Hds. ישל. f) *Fehlt in der Handschrift. Aus dem Zusammenhange und der entsprechenden Stelle der Darmstädter Handschrift ergänzt.* g) Hds. כדריג.

אצל מעיה והיו מפרפרים אצלה עד אשר תפשו האויבים את החדר וימצאוה יישבת ומקוננת עליהם. ויאמרו אליה הראה לנו את הממון שיש בבתי ידים שלך ויהי כאשר ראו הילדים והנם שחוטים ויכוה ויהרגיה עליהן ופרחה רוחה ונפשה השלימה ועליה נאמר אם על בנים רוטשה והיא על ארבעה בניה כאשר מתה הצדקה על שבעה בניה ועליהם נאמר אם הבנים שמחה. והאב ציוה בבכי וילדה כאשר ראה במיתה ארבעה בניו יפה תאר ויפה מראה והלך והפיל עצמו בחרבו שבידו ויצאו מעיו והיא מתגולל בדם בתוך המסילה עם ההרוגים המתגוללים והמפרבסין בדמם[a]. ויהרגו האויבים כל אותן שנשארו בחדר ויפשיטום ערומים. ראה יי והביטה כי היתי זוללה. אז התחילו לחלל התועים בשם [התלוי] כי עשו רצונם בכל אותם שנמצאו בחדר הרגמיך ולא נשאר מהם פליט:

וירימו את דיגליהם ויבואו בקיל שאונם על שארית הקהל לפני הצר של הפיחה ויצורו גם עליהם עד שתפשו את מבוא שער החצר ויכו גם אותם הנמצאים שם:

ויהי שם איש אחד חסיד ושמו משה ב״ר הלבו והיו לו שני בנים ויקרא אל בניו ויאמר להם בניי הלבו ושמעין בזו השעה גיהנם וגן עדן פתוח באיזה מהם רצונכם ליכנס עתה. ויענו ויאמרו אליו רצונינו ליכנס בפתח גן עדן ויפשטו את צוארם ויכים האויבים אב על בנים. נשמתם תהא בגן עדן באור החיים. וגם כפר תירה היה שם בחדר ויבואו התועים בתוך החדר וימצאיה ויקרעיה קרעים. ויהי כאשר ראו הקדושות והטהרות בנות מלכים כי נקרעה התורה והקראנה[b] בקול גדול לבעליהן ראו ראו התורה הקדושה כי האויבים קורעין אותה. ואמרו הנשים כולם פה אחד אי התורה הקדושה בלילת יופי מחמד עינינו כשהיינו משתחוים בבית הכנסת ונשקו לה בנינו הקטנים יכבדנו אותה ואיך עתה נפלה ביד אילו ערלים הטמאים. ויהי כאשר שמעו האנשים את דברי הקדושות ויקנאו קנאה גדולה ליי אלהינו ולתורתו הקדושה והחמודה. ויקרא שם בחור אחד ושמו ר׳ דוד בר[c] רבנא ר׳ מנחם ויאמר להם אחיי קרעו בגדיכם על כבוד התורה. ויקרעו בגדיהם וימצאו תועה אחד בחדר ויקומו כולם אנשים ונשים ויסקלוהו באבנים וימות. ויהי כאשר ראו העירונים והתועים כי מת התועה וילחמו בם ויעלו על הגג אשר שם בני ברית קודש בבית וישברו את הגג ויורים בחיצים ויקלעם באבנים וידקרום עד אשר כילו אותם. ויהי שם איש טוב מאד ושמו מ״ר יעקב בר׳ סולם והיא לא בא ממשפחת יקרים ואמו לא[d] היית מישראל ויקרא בקול גדול לכל הנצבים עליו לאמר עד עכשיו הייתם מבזים אותי עכשיו ראו מה אעשה ויקח הסכין שבידו וישם בגרונו לעין כל וישחוט את עצמו בשם אדיר אדירון היא שמו יי צבאות. ועוד היה שם איש אחד ושמו מ״ר שמואל ב״ר מרדכי

a) Hds. בדמי. b) Hds. והקראי. c) So. d) Fehlt in der Handschrift. Ergänzt aus der entsprechenden Stelle der Darmstadter Handschrift.

הזקן גם קידש את השם ויקרא לכל הנצבים עליו ויאמר להם ראו אחיי אשר אעשה היום על קידוש שם חיי העולמים ויקח את סכינו ויתקעהו בבטני וישפיך מעיו ארצה. שם נפל זקן בקדושה על יחוד שמו יקדוש יראהו.

ויפנו משם התועים והעירונים ויבואו אל תוך העיר אל חצר אחד בנסית לבם כי ראו שעשו רצונם באויביהם ויהיה לשם נחבא מר דוד ב״ר נתנאל הגבאי הוא ואשתו ובניו וכל בני ביתו בחצר גלח אחד מיחזק ויאמר אליהם הגלח ראו כי לא נשארו בחצר הגמון ובטירותיו וגם בחצר הפחה שריד ופליט כולם הרוגים ומושלכים ורמוסים בטיט חוצית לבד מעט מהם אשר טינפום ושבו לתורתם גם אתה עושה כמו כן ואז תוכל להנצל אתה ומימנך וכל בני ביתך מיד התועים. ויען האיש ירא יי אתה לך לך הוצה אל התועים ואל העירונים ודברת להם בשמי שיבואו אלי כולם. ויהי כשמוע הגלח את דברי החסיד מר דוד הגבאי וישמח מאד על דבריו כי אמר כבר נתרצה יהודי חשיב כזה לשמוע בקולנו. וירץ הוצה לקראת העם ויגד להם את דברי הצדיק אשר שלחו וישמחו גם הם מאוד ויתאספו סביב לבית לאלפים ולרבבות. ויהי כראות אותם הצדיק ובטח באלהי אביהיו ויקרא אליהם ויאמר אתם בני זנונים באלוה אשר [ממזר והלוי] אתם מאמינים אבל אני מאמין באל חי לעולמים הדר בשמי מרים כי בטחתי עד היום הזה וכן אעשה עד יציאת נפשי וידעתי האמת אם אתם הורגים אותי נשמתי תהא מונחת בגן עדן באור החיים ואתם יורדין לבאר שחת לדיראון עולם ובגיהנם אתם נידונים ע[ם אלוה] שלכם וב[צואה] רותחת שהוא [בן הזונה]. ויהי כאשר שמעו את דברי החסיד ויחר להם מאוד אשר גידף אותם ואשר הגיד להם קלונם וירימו את דיגליהם ויחנו סביב לבית ויתחילו לקרות ולזעוק בשם [התלוי] ויעלו אליו ויהרגו אותו ואת אשתו הצדקת ובני ובניו וחתנו וכל בני ביתו ושפחתו כולם נהרגו על קידוש השם. שם נפל הצדיק עם אנשי ביתו וישליכם בעד החלונים אל הרחוב. ויפנו משם העירונים והתועים ויבואו אל בית אחד לבית ר׳ שמואל ב״ר נעמן וגם הוא קידש את שם הקדוש ויתקבצו סביבות ביתו כי הוא נשאר מכל הקהל בביתו ומעט מאחירים שנשארו עמו וישאלו לו ויבקשו ממנו לטנפו במים כריהים שלהם והם השליכו בטחונם על מי שבראם הוא וכל אשר עמו ולא שמעו אליהם לעשות כרצונם ויהרגים כולם וירמסים ברגליהם:

על אלה אני בוכיה יעיני יורדה מים על שנשרף בית מקדש אלהינו ועל שרפת[a] מר יצחק ב״ר דוד הפרנס שנשרף בביתו:

ועתה אגיד ואודיע לכל היאך נהיה הדבר. ויהי ביום ה׳ להדש סיון בערב שבועות ויבואו אלו שני החסידים מר יצחק הצדיק ב״ר דוד הפרנס ומר אורי ב״ר יוסף והבירו את בוראם וקידשו שם יוצרם עד מאד. כי

---

a) Hds. שורפת.

ביום ג כשנהרגו הקהל בו ביום נוצלו אילו שני החסידים לגידגים וצחנום[a] האויבים בעל כרחם ועל כן קיבלו עליהם מיתה אשר לא כתובה בכל התוכחות. ויבא מר יצחק החסיד אל בית אביו לראות המטמונות אשר היו טמונות[b] שם מימות אביו ויבא אל המרתף וימצאהו[c] כי לא נגעו בו האויבים ויאמר בלבו מה שוה לי עתה כל הממון הזה הואיל ועשו בי האויבים מזימות לבם כדי להרחיקני מעם יי ולהמריד בתורת אלהינו הקדוש ועוד כי גלח אחד ביקשני להבריאני עמו ואם יש לי עוד צדקה בממון הזה ואין מלוין לו לאדם לבית עולמו לא כסף ולא זהב אלא תשובה ומעשים טובים — היהדיר בדעתו — אעשה תשובה ואהי תמים ושלם עם יי אלהי ישראל עד אשלים לו את נפשי יבידו אפול אולי יעשה בחסדו יאגיע עוד אל חבריי ואבא עמם אל מחיצתם אל המאור הגדול וגלוי וידוע לפני בוחן לבות כי לא שמעתי אל האויבים אלא כדי להנצל בניי מיד בני עוולה ושלא יהיו מקויימים בהעיתם כי קטנים הם ולא יודעים בין טוב לרע. והלך אל בית אביו וישכור פועלים והתקינו את דלתות הבית אשר שברו האויבים ויהי כאשר כילו לתקן הדלתות ביום ה ערב שבועות ויבא אל אמו ויגד לה את אשר בלבו לעשות ויאמר לה אתה[d] אמי נבריתי גמרתי בלבי להקריב קרבן חטאת לאלהי מרום אמצא בזה כפרה. ויהי כאשר שמעה אמו את דברי בנה וכי היה ירא את יי השביעה לו שלא לעשות דבר זה כי נכמרו רחמיה עליו והיא נשאר לה יחיד שם מכל אוהביה ואשתו הקדושה נהרגה מרת שקולשטר והיא היתה בת ר' שמואל הגדול וגם אמו עצמה מוטלת במטתה כי הכוה האויבים לכמה פצעים וזה בנה מר יצחק הצילה מן המות בלא ציחון אחרי שכבר טנפוהו. ומר יצחק בנה החסיד[e] לא הבין לדבריה ולא שמע אליה ויבא ויסגור דלתות הבית בעדו ובעד בניו ואמו מכל צדדיו וישאל החסיד אל בניו יצינכם שאובה אתכם לאלהינו ויאמרו עשה מה שתרצה ממנו ויען הצדיק ויאמר בני בני אמת הוא אלהינו ואין עוד אחר ויקח מר יצחק הצדיק את שני בניו בנו ובתו ויוליכם דרך החצר בחצי הלילה ויביאם אל בית הכנסת לפני ארון הקדש וישחטום שם על קידוש השם הגדול אל רם ונשא אשר ציונו בלי להמיר יראתו התורה ולידבק בתורתו הקדושה בכל לבבינו[f] ובכל נפשינו ויז מדמם על עמודי ארון הקדש כדי שיבואו לזכרון לפני מלך יחיד חיי העולמים ולפני כסא כבודו והדם הזה יהי לי לכפרה על כל עונותי. וישב החסיד דרך החצר אל בית אביו והדליק את הבית בד זויותיו ואמו נשארה בבית ונשרפה על קידוש השם והחסיד מר יצחק חזר בשניה לשרוף בית הכנסת והדליק האש בכל הפתחים והחסיד היה מהלך מפינה לפינה ומזוית לזוית וכפיו פרושות השמימה לאביו שבשמים ויתפלל אל יי מתוך האש בקול גדול וקול נעים. ויצעקו אליו האויבים בעד

---

a) *Hds.* ינצחים. b) *Hds.* היה טמון. c) *Hds.* וימצאיהו. d) *Hds.* אחי. e) *Hds.* והחסיד. f) *Hds.* לבבני.

ההלונות אדם רשע צא מן האור עוד תוכל להינצל ויושיטו לו תורן אחד כדי למושכו מן האור ולא אבה הצדיק ונשרף שם איש תם וישר ירא אלהים והנה נפשו נגוחה בגורל הצדיקים בגן עדן. ומר אורי היה גם באותה עיצה לשרוף את בית הכנסת לפי ששמעו כי האויבים והעירונים מדברים לעשות ולבנות ממנו בית עז או בית משבע. וכשהידליק מר יצחק את בית אביו ובית הכנסת והיה מר אורי בבית אחר ורצה גם הוא לסייע אל מר יצחק לשרוף את בית הכנסת גם עליו לקדש השם עם חבירו מר יצחק ולא יכול להגיע אליו כי קמו האויבים ממטתם בחצי הלילה כשהרגישו מן האור וקודם שבא אליו הרגוהו את מר אורי בדרך טרם שהגיע אל האור ומר יצחק נשרף ושם נפלו שניהם יחד לפני יי בלב אחד בלב שלם על שמו אשר נקרא צבאות ועליהם ועל כיוצא בהם נאמר זובח תודה יכבדנני[a]. יש שאומרים כי האגוסק שמעו כי רצו לעשות מבית הכנסה בית משבע ובשביל הכי שרפו החסיד והוא נשרף בתוך בית הכנסת ויש שאומרים ששמעו שרצו לעשות האויבים מבית הכנסת עז לפיכך שרפוהו:

ושנה אחת לפני בא יום יי קודם שבא הגזירה מתו רוב הרבנים שבכל הקהילות ונפטרו החשובים שבישראל כמו כן לקיים מה שנ' כי מפני[b] הרעה נאסף הצדיק. ונפטר רבנא ר' אלעזר:

והיו שם נשים הרבה אשר קידשו שם בוראם עד מיצוי נפשות ולא אבו להמירו [בתלוי וממור] מרת רחל הביריתו של רבנא ר' אלעזר הנפטר החבירו של ר' יהודה ב"ר יצחק תייר הגדול הנהרג על קדוש שמו וגם נשים אחרות הקדושות אשר היו עמהם קידשו את השם והובאו הטהרות לפני הצר עז והיו מתפייסים להם שירחצו עצמם בבי צחנתם. ויהי כאשר הגיעו אל בית תרפותם לא רצו להכנס שם בבית עז והתקעו[c] רגליהם על המפתן בערך ברהם ולא רצו ליכנס בעז שלהם להרית ריח העירות[d] תועבה וכאשר ראו התועים שלא היו מתרצות בגיעולם ואף כי היו בוטחות ומתחזקות באל הי בכל לבם אז קפצו האויבים עליהם ויכום בקרדומות ובמהלומות ושם נהרגו הטהורות על קדושה השם. ועוד היו שם שתי החסידות האחת מרת גוטא אשת רבנא ר' יצחק ב"ר משה הנהרג בתחילה והשנית מרת שקולשטר אשה מר יצחק הנשרף על קידוש השם. גם הם קידשו שם הקדוש והיחיד המיוחד בפי כל חיי בעת שנהרגו הקדושים בחצר הרגמון והיינה בחצר עירוני אחד או החפו האויב מחוץ לביתי ויתקבצו עליהם התועים והעירונים ויבקשו מהם לצהנם ב[מים הזידונים] שלהם ותשימנה בטחתם בקדוש ישראל ויפשטו צואריהם ויכום התועים בלי חמלה. שם נהרגו הקדושות על קידוש השם הנכבד והמיוחד. וגם מר שמואל ב"ר יצחק ב"ר שמואל גם הוא קידש השם כי היה טמון בבית אחד וכאשר הגידו לו כי נהרגו הקדושים וירץ מחוץ לעיר

---

a) *Hds.* יכבדינני. b) *Hds.* בעצם. c) *Hds.* והתקעו. d) *So.*

להיכלט על נפשו עם קהל שפיירא ויתפשיהו האויבים וישאלוהו האויבים אם הרצה [לטנף עצמך] מוטב ואם לאו הרי אנו חותכין את צוארך במקום הזה וישתק כ״ר שמואל ולא הוציא דבר מפיו והצדיק עליו את הדין ומיד פשט את צוארו וחתכוהו. שם נפל החסיד על קידוש השם וייחד שם אלהינו שהוא אלה הקדוש. ואחרי כן כשנהרגו בני ברית קדש שהיו בחדרים באו עליהם הערלים לפשט החללים ולפנותם מן החדרים והשליכום לארץ בעד החלונים ערומים הרי הרים[a] תילי תילים עד שנעשו כהר גביה. ורבים מהם חיו[b] כשהיו זורקים אותם והייתה עדיין הנפש צרורה בחלדם והיה בהם חיות מעט ורמזו להם באצבעותיהם תנו לנו מעט מים ונשתה. וכשהיו רואים התועים כן שהיה בהם עדיין קצת חיות היו שואלים להן רוצים אתם לטנף את עצמכם ונתנו לכם מים לשתות ועוד תוכלו[c] להנצל והיו מנענעים בראשם ומסתכלים לאביהם שבשמים לאמר לא ומראים באצבעותיהם בהקב״ה ולא יוכלו להוציא דבר מפיהם מרוב פצעים שנעשו להם. ועוד הוסיפו להכותם על אילו המכות מכה רבה עד שהרגום פעם שנית:

כל אלה עשו אותם אשר פירשנו בשמותם והפעולה שפעלו צידה לדרך ושאר כל הקהל ונשיאי העדה אשר לא פירש פעולתם וחסידותם על אחת כמה וכמה שעשו עדיין יותר על כן ופעולם שפעלו ליחד שמו של מלך מלכי המלכים הקב״ה כר׳ עקיבא וחביריו ועמדו בנסיון כחנניה מישאל ועזריה ונעשה להם נס כמו שנעשו להרוגי ביתר שהתקינו לומר עליהם הטוב והמטיב הטוב שלא הסריחו והמטיב שניתנו לקבורה. וגם אילו הצדיקים והחסידים נעשה להם כמו כן הנס הזה שקברים הערונים מן ממונם שלהם שהפקידו אצלם אבל ערומים היו נקברים ויכרו השעה הפירות בבית הקברות ויקברו שמה נערים עם זקנים אנשים עם נשים אב עם הבו בת עם האם עבדים עם ארונים שפחה עם גביריה כולם יחד השליכו אותם זה על זה ונקברו אותם שם. יפקדם אלהי מרום וינקום נקמתם במהרה בימינו ועליהם נאמר ידין בגוים מלא גויות מחץ ראש על ארץ רבה ונאמר. אל נקמות יי אל נקמות הופיע. אילו שהרגו לדיראון עולם ואילו הנהרגים על קידוש שמו הקדוש אל עליון לחיי העולם הבא[d] ונשמתן בגן עדן צרורה בצרור החיים אמן:

עתה אספר בהריגת ר׳ קלונימוס החסיד הפרנס וסיעתו. השם ינקום נקמתו במהרה בימינו:

ויהי ביום אשר דבר יי לעמו היו נכונים ליום השלישי אותו היום הכינו עצמם ופשטו צוארם והקריבו קרבנם לריח ניחוח ליי ונהרגו באותו היום למען שמו הגדול שהוא יחיד בעולמו ומבלעדיו אין אלהים הת״רק נפשית קדושות לבד ר׳ קלונימוס הפרנס הצדיק ועמו קצת בחורי ישראל נ״ג נפשות שנצלו בי ביום שבהיו הרך חדר הרגמון ויבואו אל היך המלתחה בע״ז והוא בית

---

a) *Hds.* הם. b) *Hds.* היו. c) *Hds.* תיכל. d) העולם הבא *fehlt in der Handschrift. Aus dem Zusammenhange ergänzt.*

האוצר והוא שקורין איתו שיגורי[a] והיו[b] שם בצר ובמציק מפני החרב שעל צוארם ופתח המלחמה היתה צר והיה חושך ולא הרגיש בהם שום אדם מן האויבים ויהי במחריש. והשמש בא ועלטה היה וצידה .....[c] השמיעו ודבק לשונם אל חיכם בצמא ויגשו אל החלון לדבר לגלח הממונה על בית האוצר להושיע להם מים להשיב נפשם ולא אבה[d] עד שנתנו לו עשרה זקוקי כסף בצלוחית מליאה מים לקיים מה שנ׳ ועבדת את אויביך ברעב ובצמא וגו׳ וכשהגיע הצלוחית להלון היה פתחה צר ולא היה יכול להכנס בו המים עד שלקח צינורות של עופרת והביא בה המים והיו שותים במדה בלא שביעה.
עתה אספר היאך המעשה שנהרגו אילו הצדיקים:

ויהי בחצי הלילה שלח ההגמון אחד אל חלק המלחמה אל ר׳ קלונימוס הפרנס וקרא לו ואומר שמעני קלונימוס הנה ההגמון שולחני אליך לידע אם אתה חי עדיין וציוני להציל אותך וכל הנמצאים עמך צאו אלי והנה עמו שלש מאות חלוצי מלחמה שלופי חרב ולבושי שריונים ונפשינו תחתיכם למות ואם אין אתם מאמינים כי הריני נשבע לכם כי כן ציוני אדוני ההגמון והוא אינו בעיר כי הלך לו לכפר יורנשים[e] ושלח אותי הנה להציל הפליטה שלכם הנשארה ורוצה להיות בעזרכם. והם לא האמינו עד שנשבע להם ואז יצא אליו ר׳ קלונימוס וסיעתו הנהום הישר באניות[f] והעבירם את נהר ריינוס והביאם בלילה אל מקום שהיה שם ההגמון בכפר רורנשהיים[g] ושמח שמחה גדולה ההגמון על ר׳ קלונימוס כי עודנו חי ואומר להצילו וגם האנשים שבאו עמו. וחרב האויב הריק אחריהם ולא שב יי׳ חרון אפו מעליהם אשר בידו פלגי מים ולב המלך והשרים היטה עליהם לב ההגמון לבתחילה לטובה ואחר כן חזר בדיבוריו וקרא לר׳ קלונימוס ואומר לו איני יכול להציל אתכם ואלהיכם סר מעליכם ואין רצונו להשאיר לכם שריד ופליט ואין בידי כח עוד להציל לעזור מעתה ואילך. ועתה דע לך מה תעשה אתה וסיעתך העומדים עמך או תאמינו ביראתינו או תשאו עון אבותיכם. ענהו ר׳ קלונימוס החסיד וצוה במר נפש אמת הוא כי אין רצונו של אלהינו להצילנו לפיכך אמת דבריך ונכונים הם שאין בך כח לעזור עוד ועתה תנה לנו זמן עד מחרה להשיב לדבריך. ואז שב ר׳ קלונימוס לחביריו[h] החסידים והגיד להם את דברי ההגמון ואז קמו כולם ביחד וברכו על עקידתם והצדיקו עליהם פה אחד ובלב אחד וקיבלו עליהם עול היראה. ויקח ר׳ קלונימוס החסיד ההילה קודם שחזר להגמון את בנו מר יוסף וינשק לו וישחטהו. וכאשר שמע ההגמון ששחט את בנו חרה לו עד מאד ואומר מעתה ודאי איני חפץ לעזור לכם עוד. כששמעו בני הכפרים מה שאומר ההגמון נאספו עליהם וגם התועים עמהם להרוג היהודים. בין כך ובין כך חזר ר׳ קלונימוס באותו יום אל ההגמון והבין ונשמע לר׳ קלונימוס בדרך מה שאמר ההגמון וכשחזר לפניו לקח בידו סכין ובא לפניו

a) *So.* b) *Hds.* יהוא. c) *Unausgefüllte Lücke in der Handschrift.* d) *Hds.* אבא. e) *So.* f) *Hds.* באניית. g) *Nur so.* h) *Hds.* לחבירן.

ירצה להורגו ואנשי ההגמון תם הוא בעצמו הרגיש בדבר ויאמר להוציאו מלפניו ויקומו עליו עבדיו של הגמון והרגוהו בנם של עין. ויש שאמרו שלא הזר פעם שנית להגמון ומיד כששחט את בנו לקח את חרבו ונעץ בארץ ונפל עליה ויתקעיה בבטנו ויש שאומרים האויבים הרגוהו בדרך. בין כך ובין כך נהרג הנשיא על יהוד שמו של מלך מלכי המלכים הקב״ה והיה תמים ושלם עם יי אלהי ישראל ושם נפל ונהרג הצדיק עם קהלו. וגם ר׳ יהודה בן רבנא יצחק ומר יצחק דורו בר׳ אשר גם הם נהרגו וגם בנות ישראל שהיו שם נהרגו כולם ונשחטו על ייחוד שם אלהי ישראל. ואילו מאותם שהיו בחבורה הזאת השנית מר שניאור ור׳ קלונימוס בר יוסף הזקן משפיירא ומר יצחק בר׳ שמואל ומר יצחק בר׳ משה ור׳ אלעזר בר יעקב ומר הלבי בר׳ משה ועוד אחרים הרבה עמם וגם הם בטחו בצור ישראל. והרג ר׳ שניאור גוי אחד ויתקבצו עליהם בני הכפרים על היער אשר הדיחם שם הגמון ויסקלום באבנים ויורום בחצים וידקרום ויהרגום בחרב עד אשר נפלו שם גיבורי ישראל ביד יי העל אלה תתאפק יי. וגם אילו היו באותו הכת השנית במקום אחד ביער מר אברהם בר אשר ומר שמואל בר תמר ורבים גם הם קידשו את עליון הגדול ויתקבצו על מר אברהם בר׳ אשר האויבים ויבקשו ממנו לטנפו במים [הזדונים] כי הוא היה איש ידוע ונעים ....[a] עליו מקצת מכיריו ויאמר להם היש פה איש אשר ידע אם נשאר מכל בני ביתי אי מבני אפילו אחד[b] ויאמרו אין אנו יודעים ויבקשו ממנו מאד לטמאו ויען להם ויאמר עד מתי תאחרוני בחייכם תהרגוני כי לא אשמע לכם לדבר הזה באל חי אבטח ובו ארבק עד אשלים לו את נפשי. וכן אמר גם מר שמואל למר אברהם עמך אהיה להיים ולמות ויכום האויבים כי לא רצו לשמוע אל דבריהם ויכו את מר אברהם ויפל ארצה וימות וגם מר שמואל נהרג שם עמו וישימו בתהונם בקדוש ישראל ונכנסו שניהם יחד לאוצר מכללו עד יום פקידת דם עבדיו השפוך ואז ידין בגוים מלא גויות וכו׳ וגא׳ הרנינו גוים עמו כי דם עבדיו יקום וכו׳. וגם ר׳ יקותיאל בר׳ משלם וחתנו הרגום שם בדרך בין מעגנצא ובין רודשהיים[c] כששבו ממקום שנהרג שם ר׳ קלונימוס אחיו הפרנם כי אמרו לשוב אל העיר למעגנצא כדי שיהרגום שמה האויבים ויקברום לשם בבית הקברות עם אחיהם החסידים הישרים והתמימים ולא יכלו להגיע למקום אשר אמרו ופגעו בהם המתועבים והרגום בדרך ותהא נפשותם צרורה בצרור החיים את יי אלהינו:

כי שאמר והיה העולם הוא ינקום נקמת דם עבדיו השפוך אשר אמרו נרשה לנו את נאות אלהים ואמרו לכו ונכחידם מגוי ולא יזכר שם ישראל עוד ויאמרו לא יראה ולא יבין אלהי יעקב. אל נקמות יי אל נקמות הופיע כי עליך הורגנו כל היום וגו׳ כי אכלונו בכל פה וגו׳ ראה יי והביטה למי עוללת

a) *Lücke in der Handschrift. Vielleicht ist zu ergänzen* ויתקבצו. b) *Fehlt in der Handschrift. Aus dem Zusammenhange ergänzt.* c) *So.*

כה אם יהרתנה[a] נשים פרים עוללי טפוחים שכבו לארץ חוצות נער חקן בתולותיי ובחוריי נפלו בחרב טבחו ביום אפך תתנו ולא חסו עיניהם עלינו השב לשכינינו שבעתים אל חיקם וגו׳ הנשא שופט הארץ השב גמול וגו׳ ועל קמיהם לעלות הימה ולנקום נקם מהם שנ׳ יי וכלי זעמו באים לחבל כל הארץ ואחרי כן יריע אף יצריח על אויביו יתגבר וגו׳ שפוך חמתך על הגוים אשר לא ידעוך ועל הממלכות וכו׳ שפוך עליהם זעמך וכו׳ ותדרוש מהם דם עבדיך אשר על צחיח סלע ניתן ארץ אל תכסי דמם ואל יהי מקום לזעקתינו ......[b] יתן נקמתינו בידינו ויודע בגוים לעינינו נקמת דם עבדיו השפוך במהרה למען שמך הגדול שנקרא עלינו[c] כדי שידעו[d] ויבינו כל היצורים את חטאתם ואשמתם אשר עשו לנו וכגמולם ישיב בראשם כאשר גמלו עלינו ואז ישכילו ויבינו וישיבו ללבותם כי על הבל הפילו פגרינו ארצה ועל דברי תעתועים הרגו חסידינו ועל פגר מובאש שפכו דם צדקיות ועל דברי מסית ומדיח שפכו דם עולל ויונק והבל היא ......[e] מבירין את מי שבראו ואינו הולכין לא שביל טוב ולא דרך ישרה ולא החכימו ולא ישיבו ללבם מי עשה את הים ואת היבשה ובכל מעשיהם היו טפשים ות....[f] איבדו חכמתם ......[g] שמו בטחונם ולא הכירו ולא הזכירו שם אלהים חיים מלך עולם שהוא קיים לעד ולעולמי עולמים ויעמיד לנו דם חסידיו לזכות ולכפרה לדורותינו אחרינו ולבני בנינו עד עולם כעקידת יצחק אבינו כשעקדו אברהם אבינו על גבי המזבח. ולא אמרו החסידים אילו איש לרעהו חיסו על עצמיכם אלא אמרו נשפך דמינו כמים על הארץ ויחשב לפני הקב״ה כדם הצבי והאייל כתוב בתורה אותו ואת בנו לא תשחטו ביום אחד אבל כאן האב והבן ביום אחד אשה ובתה ביום אחד. ואל יאמר הקורא בדברים אילו שאילו בלבד קידשו שם אלהי מרום אשר פירשנו כאן אלא אפילו גם אותם שלא פירשנו שמם ומעשיהם שעשו במיתתן גם הם קידשו את הקדוש הנכבד וכן העידו עליהם אותם מתי מעט הנותרים שנאנסו אשר שמעו באוניהם וראו בעיניהם את שעשו החסידים האילו כשהרגום ומה שדברו בשעת שהיטתן והריגתן חכיתם וצדקיהם והסידותם ותמימותם ועקידת[ם] יהיה לנו למליץ יושר ולסניגור פני עליון ויוציאנו מגלות אדום [הרשעה] במהרה בימינו ויבא משיח צדקנו אמן במהרה בימיני:

ועתה אספר מה עשו קהל קלוניא והיאך קדשו שמו המיוחד ונשגב. ויהי בחמשה בסיון בערב שבועות באה השמועה למדינת קלוניא עיר נאה הכניסה עדר האסוף שמה נאספו עדר האסוף ומגלגלין זכות על ידי זכאי משם יצא היים ומות ודין קבוע לכל אחינו המפוזרים בכל קצות והתחילו להרוג בהם מעצרת עד ח׳ בתמוז וכששמעו שנהרגו הקהילות ויברחו איש ישראל אל׳ מבירו[h] גוי ויהי שם שני ימים של עצרת. ויהי ביום השלשי בהיות הבקר

---

a) *So.* b) *Rasur in der Handschrift.* c) *Hds.* אליני. d) *Hds.* שידעני. e) *Lücke in der Handschrift.* f) *Rasur in der Handschrift.* g) *Rasur in der Handschrift.* h) *Hds.* כבירו.

ויהי קולות ויקומו עלידם האויבים וישברו הבתים וישללו שלל ויבוזו בז ויהרסו את בית הכנסת ויוציאו משם ספרי תורות ויתעוללו בהם ויתנום למרמס חוצות ביום נתינתה אשר הרעישה ארץ עמודיה יתפלצון ועתה קרעוה ושרפוה[a] ודרכוה הרים עושי רשעה ובאו בה פריצים וחיללוה. העל אלה לא תפקד בם ועד אנה תביט ותחריש בבלע רשע ראה יי והביטה כי הייתי זוללה. ואותו היום מצאו חסיד אחד מר יצחק בר אליקים שמו שיצא חוץ לביתו והפשיטוהו האויבים והוציאוהו[b] לבית הרפתים ויורק ירק בפניהם ולפני ע״ז שלהם והיכוהו וגידפו והרגוהו שם על קדוש השם לפי שלא רצה לברוח מפני כבוד הרגל ובעבור כי היה שמח לקבל דין שמים וגם אשה חשובה מצאו שם מרת רבקה שמה כשיצתה מביתה פגעוה האויבים טעונה כלי זהב וכסף בבתי ידים שלה ורצתה לשאת אותה אל בעלה ר׳ שלמה כי הוא יצא כבר מביתו והיה בבית מכירו גוי ונטלו ממנה הממון והרגוה שם מתה הצדקת בקדושה. ועדיין אשה אחת מרת מטרינה. ושאר הקהל נוצלו והנה בבית מכירים אשר ברחו שם ויהיו שם עד שהולך ההגמון לכרכים שלו ביום העשירי לחודש סיון וחילקם ונתנם בשבעה כרכים שלו כדי להצילם והיו שם עד ראש חדש תמוז יום יום מצפים למות והיו מתענים יום יום וגם שני הימים של ראש חדש תמוז היה שני ושלישי וגם למחרתו כמו כן צמו לילה ויום רצופים שלשה ימים:

וביום השלישי נהרגו שבכפר נוישא ונקברו אותם לפי שהיה יום אידם ונתקבצו כולם לשם מן הכפרים. והיה שם החסיד מר שמואל בר אשר והרגו אותו על שפת הנהר ריינוס וגם שני בניו עמו וקברו אותו בחול אצל הנהר ואחד מבניו תלו על פתח ביתו כדי להלעיג. (וגם חסיד אחד היה לשם ור׳ יצחק הלוי שמו ויסרוהו ביסורים קשים)[c] כאשר ראו עיניו ונצרוהו בעל כרחו כי מן המכות אשר הוכה[d] לא היה יודע עד מה וכשעמד על דעתו חזר בעוד שלשת ימים והלך לקלוניא ונכנס בביתו והמתין מעט רק שעה אחת והלך לנהר ריינוס וטבע עצמו בנהר ועליו ועל כיוצא בו נאמר מבשן אשיב ממצולות ים וגו׳ וצף בתוך המים כך עד שבא לכפר נוישא והשליכו המים לשם על שפת הנהר והיה צלול בצד אותו חסיד מר שמואל הנהרג בנוישא ונקברו אותם שני החסידים לשם על שפת הנהר בחול יחד בקבר אחד והם קידשו שם שמים לעיני השמש. ומר גדליה היה בכפר בונא קודם הגזירה חותנו ובניהם גם הם נהרגו שם בכפר נוישא וקידשו השם מאוד:

ובו ביום יום שלישי באו האויבים אויבי יי לכרך אחד ולעת הערב קידשו גם הם השם למאוד חתנים וכלות היפות וקנים וקניות בחורים וילדות פשטו צוארם ושחטו עצמם זה את זה ונתנו נפשם על קידוש השם בתוך אגמי מים אשר סביבות הכרך. וכשבאו האויבים לפני הכרך או עלו למעל

---

a) Hds. שריפה. b) Hds. והוציאו. c) Fehlt in der Handschrift, aus dem Berichte Elieser's ergänzt. d) Hds. הוכהי.

על המגדל קצת מן החסידים והפילו עצמן בתוך נהר ריינוס שסביב הכרך הולך וטבעו עצמן בנהר ומתו כולם רק אילו שני הבחורים לא יובלו למית בתוך המים ר׳ שמיאל החתן בר׳ גדליה ומר יחיאל בר׳ שמואל הנעימים בחיידם כי אהבו זה את זה ביותר ובמותם לא נפרדו וגו׳. בשעלה על דעתם[a] שיפילו עצמם במים נשקו זה את זה ותפשו זה את זה וחבקו זה לזה בכתפים שלהם ובבו[b] זה לזה ואמרו אוי לחבירותינו שלא זכינו לראות זרע יוצא ממנו ולא הגענו לימי שיבה וזקנה אעפ״כ נפלה נא ביד יי והוא אל מלך נאמן ורחמן מוטב לנו למות בכאן על שמו הגדול ונטייל עם הצדיקים בגן עדן ולא יתפשו אותנו הערלים הטמאים הללו ויטמאו אותנו בעל׳ כרחינו במים ה[זרוני]ם שלהם. ואחרי כן באו אותם שנשארו בכרך אותם שלא עלו למגדל וראו אילו והיו טבועים ומצאו שם שני ריעים טובים צדיקים גמורים והיו תפושים והחוקים. וכשראה החסיד שמואל את בנו מר יחיאל שהפיל עצמו בנהר ולא מת עדיין והיה בחור נאה מראהו כלבנן וצעק יחיאל בני בני פשוט צוארך לפני אביך ואקריב אותך קרבן לפני יי נפש בני ואברך על השחיטה ואתה תענה אמן. ועשה כן ר׳ שמואל החסיד ושחט את בנו בחרבו בתוך המים ויהי כאשר שמע ר׳ שמואל החתן בר׳ גדליה כי נתרצה[c] חבירו מר יחיאל הצדיק אל אביו לשוחטו בתוך המים וחשב גם הוא להעשות כן וקרא למנחם שהיה שמש בבית הכנסת של קלוניא ואומר לו בחייך קח את חרבך החדה ובדק אותו יפה שלא יהא בה פגימא[d] ושחוט אותי כמו כן ואל אראה במיתת חבירי ואתה תברך על השחיטה ואני אענה אחריך אמן. ועשו כן החסידים הללו וכשנשחטו ביחד קודם צאה נפש תפשו זה את זה בידים שלהם ומתו יחד בנהר וקיימו עליהן המקרא ובמותם לא נפרדו. וכשראה ר׳ שמואל הזקן החסיד אביו של ר׳ יחיאל הקדוש הזה שעשו אמר גם הוא למר מנחם החסיד השמש מנחם כגבור כבוש יצרך ושחטני בזאת החרב ששחטתי את בני יחיאל בו ואני בדקתי אותו יפה ואין בו שום פגימא ותפסול השחיטה. ולקח רב מנחם החרב בידו וברק אותה יפה ושחט את ר׳ שמואל הזקן כאשר שחט לר׳ שמואל החתן וברך על השחיטה והוא ענה אחריו אמן. ויפול גם הוא מר מנחם החסיד אלהי מרום על החרב ונעצה בבטנו וימת שם כך קידשו את השם הקדוש קנוא ונוקם החסידים האילו בתוך המים: עבשיו באו כל באי עולם וראו ההיתה כזאת מימות אדם הראשון יחיד השם מזאת כמה גדול כח של צדיקים הללו שכולם בחרבם נשחטו ובמה גדול כח האב אשר לא נכמרו רחמיו על בן ורבים היו אשר בכה עשו אבל עין ראתה ותעידהו לבן שמעה אזן ותאשריהו. וגם מהם טבעו עצמם במים ולא נשאר מהם כי אם שלשה גרגרים. וגם היה שם זקן אחד ומר אלעזר הלוי[e] שמו ואשתו הצדקת והיה חותנו של ר׳ לוי בר׳ שלמה ויסרום אותו האויבים

---

a) *Hds.* דעתו. b) *Handschrift* יבבה. c) *Handschrift* נתרצי. d) *So.* e) *Handschrift* לוי.

ביסורים גדולים ופצעים בפצעים רבים להאמין בשיקוץ שלהן והם לא רצו להאמין בתועבותם ומתה הצדקת מיד ברעב ובצמא אבל בעל החסיד חיה שלשה ימים יצעק בקול גדול לאל מרום שיטול נשמתו והאויבים באים עליו מדי שעה בשעה כי האגמי מים שיצאו משם היו קרוב לביתך והכוהו אותם ביסורים קשים. וכשרצו האויבים להאכילם מפת בג שלהם והם לא רצו לאכול ומתו שניהם ברעב ובצמא ונקברו לשם. העל אלה תתאפק יי וגו׳ כגיבור יצא וגו׳ ונאמר הרנינו גוים עמו כי דם עבדיו יקום. והרבה היו לשם באותי שני ברכים ששכחתי ולא נכתבו ונהרגו על קידוש שמו הגדול ומכל אותם הנפשות לא נשארו כי אם שני בחורים ושתי תינוקות:

ובשלישי בחדש תמוז ביום רביעי נהרגו חסידי עליון ברך אילנא וקידשו גם הם את שם המיוחד למאוד מאוד ולא נשאר מהם כי אם מתי מעט:

וברביעי בחדש תמוז ביום חמישי או נוסדו יחד האויבים על קדושי אילנא לייסרן ביסורים גדולים ועצומים עד יאותו לצחנם. ונודע להם הדבר לחסידים ויהודו לפני בוראם ויתנדבו ויבחרו להם חמשה חסידים צדיקים אנשי לבב יראי אלהים שישחטו האחרים כולם והיו שם כנגד שלש מאות נפשות הנדיבים שהיו בקהילות קלוניא ונשחטו כולם ולא נשאר מהם איש כי כולם מתו על קדושת[a] השם המיוחד בטהרה. ושם היה הפרנס ראש לכולם הנדיב שבנדיבים וראש לכל המדברים מר יודא ב״ר אברהם יועץ וחכם ונשוא פנים וכשהיו כל הקהילות באים לקלוניא לשווקים ג׳ פעמים בשנה והיה הוא מדבר בראש כולם בבית הכנסת והם שותקים בפניו ומבינים את דבריו וכשמתחיל ראשי הקהילות לדבר דבריהן ויהיו נוערין כולם ומהססים אותם לשומע לדבריו ואומרים אמת הוא ודברים כינים ונכונים והוא היה משבט הדני ואיש אמונים ומופת הדור והיה מוסר עצמו על צרת חבירו וכל ימיו לא נעשה[b] לרעהו רעה על ידו והיה אהוב לשמים ונחמד לבריות וכל המזמור כולו אמרו דוד עליו מזמור לדוד מי יגור באהליך. והגשים כמו כן קדושי השם הרבה לעין כל. וכשראתה[c] שרית בתולה הכלה אשר הרגו עצמם בחרבות שלהן ונשחטו זה את זה והיא היתה יפת תאר ויפה מראה ונעימה מאד בעיני רואיה ורצתה לברוח מפחד שהיתה רואה בעד החלון חוצה וכשראה חמיה מר יהודה ב״ר אברהם החסיד שכך היה דעת כלתו קרא לה ואומר בתי מאחר שלא הייתי זוכה לינשא לבני אברהם לא תתנשאי לאחר אל הנכרי. ותפשה והוציאה מן החלון ונשקה בפיה והרים קול בבכי עם הנערה וצעק בקול גדול במר נפש מאד ואומר לכל הנצבים ראו כולכם זאת חופת בתי כלתי שאעשה היום הזה. ויבכו כולם בבכי גדול ויללה תאניה ואניה ואמר לה החסיד מר יהודה בתי בואי ושכבי בחקו של אברהם אבינו כי בשעה אחת תקני עולמך ותבא במחיצת הצדיקים החסידים. ויקח[d] אותה

---

a) *Hds.* קדישות. b) *Hds.* עשה. c) *Hds.* וכשראיה. d) *Hds.* ויקח.

וישכיבה[a] בחיקו של בנו אברהם ארוסה[b] וחתכה בחרבו החדודה לשני גזרים בתווך ואחרי כן שחט גם בנו. על זה אני בוכיה ולבי יליל. ויהי כאשר קימו על נפשם לצום שלשה ימים לילה ויום גם בחור ובתולה עולל ויונק עם איש שיבה ודבק לשונם אל חיכם בצמא לא ינקו שדי אמם עד השחטם ויהי ביום השלישי וחזו בעצמם והשבימו למצות בוראם ואהבוהו עד מות וגם האיש הזה החסיד דוד ר׳ יצחק עינה כחו בתענית ולא נשאר בו רביעית הדם וכששחטו אותו לא יצא ממנו ריבע רביעית הדם או חלף רוחו ותשב לאלהיו ויצתה נשמתו הטהורה. ודעו היאך קדשו השם הקדוש ולא חמלו[c] על בניהם. ולסוף שלשה ימים כאשר עברו אויבי יי ובאו העברים הנאנסים אשר ריחמו עליהם ורצו לקוברם כי היו למאכל לעוף השמים ולבהמת הארץ ומצאיה מפרכסת בדמים וחצוה מן הדמים והוליכוה בבית אחד והיתה שבעה ימים שלא דברה ולא נכנס בפיה מאכל ומשתה ואחר כך ותחי רוח בקרבה וריפאוה ומאותו היום והלאה נתענתה בכל יום ולא אכלה אלא מדי יום ביום לבד משבתות וימים טובים וראשי חדשים: עד הנה שנת תת״ק לפרט ואני שלמה בר שמעון העתקתי זה המאורע במגנצא משם שאלתי את פי הזקנים כל המעשה ומפיהם סדרתי כל דבר ודבר על אופניו והם סיפרו לי הקידוש הזה:

ובששי בשבת בחמשה לחדש בערב שבת בין השמשות בערב המרגוע באו האויבים אויבי יי אל חסידי ונ״ש וקמו עליהם האויבים בשעה שקדש היום וישבו לאכול לחם וקידשו היום בויכלו וברכו ברכת המוציא על הפת ושמעו והנה קול נוגש ובאו עליהם המים הזידונים ולא אכלו כי אם המוציא בלבד ופתח הראש שבכולן ואומר בנו של אהרן הכהן ראוי אתה לגדולה ווי ווי לאבדין ולא משתכחין ויהי לאבל כינורי ועוגבי לקול בוכים. וכל מי ששומע קולו כשהוא מתפלל אומר זה הקול כינור ועוגב תוף וחליל ותפלתו עולה למרום פני כסא ערבות להי עולמים ונעשית כתר ועטרה בראש אל עליון מלך מלכי המלכים הק״בה אבל נגזרה גזירה ונעשית כמין מחבת נחושת בינינו לאבינו[d] שבשמים וסתם תפלתנו ולא מצאנו מליץ יושר אחת מני אלף ואף כי לנסות את הדור בא האל להודיע לכל חיבתם ובפמליא של מעלה וכן אמר דוד המלך על כן עלמות אהבוך עד מות אהבוך וכן אמר כי עליך הורגנו כל היום נחשבנו כצאן טבחה. ופתח ואומר החסיד איש אמונים הכהן הגדול מאחיו אל העדה המסיבה אצלו על השולחן נברכו ברכת המזון לאל חי לאבינו שבשמים כי תמור המזבח עכשיו השולחן עריך לפנינו ועתה נקומה ונעלה בית יי ונעשה רצון יוצרינו במהרה כי באו האויבים עלינו היום[e] לשחוט בשבת איש את בנו ובתו ובאחיו ולתת עלינו היום ברכה ואל יחוס אדם לא על עצמו ולא על חבירו והאחרון הנשאר ישחוט עצמו בגרונו בסכין שלו או

a) *Hds.* והשכיבה. b) *Hds.* אריסתו. c) *Hds.* חמלוה. d) *Hds.* לאבינו. e) *In der Hds. folgt noch* ברכה.

ידקור בבטנו בחרבו שלא יטמאו אותנו הטמאים וידי רשעה בפיגוליהם ונקריב עצמינו את קרבן יי בעולות כליל לגבוה הקרב על מזבח יי ונהיה בעולם שכולו יום בגן עדן באיספקלריא המאירה ונראהו עין בעין בכבודו ובגודלו ויתן לכל אחד ואחד· עטרה של זהב בראשו ובה קבועות אבנים טובות ומרגליות ונשבה שם בין יסודי עולם ונסעוד בחבורת הצדיקים בגן עדן ונהיה מחבורת ר׳ עקיבא וחביריו ונשב על כסא של זהב תחת עץ החיים ונראוהו כל אחד ואחד ממנו באצבעו ונאמר הנה אלהינו זה קוינו לו נגילה ונשמחה בישועתו ולשם נשמור השבתות כי בכאן לא נוכל בזה העולם חושך לשבות ולשומרו כהילכתו. והם ענו כולם בקול פה אחד בלב אחד אמן כן יהיה ובכן יהי רצון. ופתח החסיד רבינו משה לברך ברכת המזון כי הוא היה כהן לאל עליון וברך נברך אלהינו שאכלנו משלו והם ענו אחריו ברוך הוא אלהינו וכו וברך הרחמן הוא ינקום בימי הנשארים אחרינו לעיניהם נקמת דם עבדיך השפוך והעתיד עדיין לשפוך הרחמן הוא יצילנו מאנשי רשע משמד ומע״ז ומטומאת העמים ומפיגוליהם ועוד בירך ברכות הרבה כענין המאורע מחמת הגזירה שנתרגשה עליהם כאשר סיפרו לי אבותי ושאר הזקינים העושים במלאכה אשר ראו את המעשה הגדול הזה. ויהי כאשר קמו מן השולחן אמר להן החסיד אתם בני אל חי אמרו בקול רם פה אחד שמע ישראל יי אלהינו יי אחד והם עשו כן ועתה אל תעכבו עוד יותר כי בא העת לעשות להקריב קרבן נפשינו לפניו. ובערב שבת בין השמשות הקריבו עצמן קרבן לפני יי במקום תמיד של בין הערבים ונעשו בעצמן כתמיד של השחר וכאשר יגיל מוצא שלל בשללו וכשמחת קציר כן היו ששים וגילים לעבוד עבודת אלהינו ולקדש שמו הגדול והקדוש ובאו כולם ששים ושמחים לפני אל רם ונשא כיוצא בהן נאמר כחתן יוצא[a] מחופתו ישיש כגיבור לרוץ אורח כך היו שמחים לרוץ ולהכנס לפניי ולפנים בהדרי חדרים בגן עדן עליהם ניבא הנביא עין לא ראתה אלהים זולתך יעשה למחכה לו. וגם שם היה איש תם ר׳ נטרונאי ב״ר יצחק ובאו אליו הגלחים מכיריו כל היום קודם לכן והיו אומרים לו שיטנף עצמו במים [הזדונים] שלהם כי היה בחור נאה ונחמד מראה חרק ומורה בפיהם ואומר הלילה לי לכפור באלהי מרום בו אבטח עד יציאה נפשי ושחט את אחיו ואחר כך את עצמו על יחוד השם המיוחד והקדוש. וגם היה שם עבד יי והוא גר צדק ושאל לו לרבינו ר׳ משה כהן גדול ואמר לו ארוני אם אשחט את עצמי על יחוד שמו הגדול מה תהא עלי אמר לו עמנו תשב במחיצתינו כי גר צדק תהיה ותשב עם שאר צדיקים גירי צדק במחיצתן ותהיה עם אברהם אבינו שהיה תחילה לגרים. כששמע החסיד כך לקח מיד הסכין ושחט את עצמו והנה נפשו צרורה בצרור החיים בגן עדן באור יי. ובעקידת הזה[b] לא נותר בהם איש וזולתי אותם אשר היו מגויידים ומתגוללים בתוך הדם בין המתים וכשתפשו האויבים את המגדל קודם

a) *Hds.* יוציא. b) *So.*

שנשחטו את כולם[a] והם ברחו כולם בלילה מן המתים וכולם נתנו לקבורה שבח לבורא חבות האחירים הנשחטים ומדוקרים ונחנקים ונשרפים ונטבעים ונסקלים ונקברים חיים וקיבלו עליהם[b] מאהבה ומחיבה שבע מיתות בנגר ימות השבועה על שם היראה הקדושה והטהורה והיא יעמוד לנו למליץ יושר פני אל עליון לגאלינו מהרה מגלות אדום [הרשעה] במהרה בימינו ויבנה לנו חומות אריאל ויקבץ נפוצות יהודה וישראל הזרויים במזרח[c] בשערי הארץ שאירית פליטה הנשארת לשבי ולביזה בצוקה וצרה בין הגוים למען שמו הגדול הגיבור והנורא שנקרא עלינו:

ויהי באחר בשבת לחרש תמוז קמו גם אויבי יי על חסידי עליון מירא[d] לאבדם מן העולם וצרו על העיר עם רב בחול אשר על שפת הים ובא שר העיר ויצא לקראתם לשדה ובקש מהם להמתין להם עד אור הבקר וכה דבר להם אולי אסית היהודים וישמעו אלי מחמת יראתם ויעשו רצוני. וייטב הדבר בעיניהם והזר חשר לעיר אל היהודים מיד וצוה לקרותם ולהביאם לפניו וכה אמר להם באמה בתחילה נדרתי לכם לחסות אתכם ולהגן אתכם עד שהיה שום יהודי בעילם קיים וזה התנאי קיימתי לכם ומכאן ואילך איני יכול להציל אתכם מכל אומות הללו ועתה ראו מה אתם רוצים לעשות ידוע תדעו אם לא תעשו כך וכך העיר הרוס יהרס ומוטב לי שאמסור אתכם לידם עד שלא יבואו עלי במצור להרוס המבצר. וענו כולם למקטן ועד גדול כולם פה אחד מזומנים אנחנו ותאיבים אנו לפשוט צוארינו ביראת בוראינו וביחוד שמו. וכשראה השר שלא היה יכול להם מיד יעץ בעיצה אחרת להטיל עליהם אימת התועים כדי שיעשו רצונם שיטנפום להוליכם חוץ לעיר למקום שהיו הונים שם התועים וכל זה לא הועיל כי אמרו אין אנו חושקין על יראת התועים ובכה ענו לו כולם. וכאשר ראו שלא הועיל להם מה שעשו החזירום לעיר והפשום ונתנום במשמר כל אחד ואחד לבדו[e] עד למחר כדי שלא ישלחו יד בעצמם לפי שמע[f] ששמעו כי שלחו יד בעצמם האחירים. [וכרכוהו בעריסתו כי נבמרו רחמיהן אליו והפילוהו מן המגדל וימות[g]][h] למחר הפשום בעל כרחם ונתנום אל התועים ויצאו מבוהלים ודחופים מן הבריך והרגו קצת מהן ואותם שהחיו ציחנום בעל כרחם ועשו בם כרצונם:

ומשם ברח חסיד אחר ומר שמריה שמו הוא ואשתו וג׳ בניו באותו הלילה כי הבטיחם הגיזבר עבדו של הרגמון להוליכו עמו ולהצילו על ידי ממון רב שנתן לו והוליכום ביער עד ט׳ באב והיה מוליכם לכאן ולכאן נע ונד עד ששלח אל בניו לשפיירא לר׳ נתן ור׳ מרדכי אחר ממון ושגרו לו

---

a) *In der Hds. folgt mit Tilgungsstrichen versehen* כערב השבת. b) אלידם. c) *Hds.* במזרה? d) *Fehlt in der Handschrift.* e) *Hds.* לבד. f) *Hds.* שמי. g) *Hds.* ימותי.
h) *Die eingeklammerten Worte befinden sich in der Handschrift zwischen* האחירים *und* למחר *ohne irgend welche trennende Interpunktion. Sie sind ein Bruchstück aus der bei Eliezer vollständig erhaltenen Erzählung, nach welcher die Frauen Gentile und Rebecka ein bei ihnen befindliches Mädchen schlachten und ein in derselben Woche geborenes Kind, in seine Wiege eingewickelt, vom Thurme schleudern.*

זהובים וכשתפש הממון מיד מסרם והוליכם לכפר טֶירְמוֹנְיאָ[a] וכשבא לשם שמחו עליו שמחה גדולה כי הכירו אותו ויאותו להם להמתין למחר ולעשות בכל אוי חפצם. מיד עשו משתה מרוב שמחה והם לא רצו לאכול עמהם מגיעולם אך בטהרות ובכשרות ובסכין חדש כי אמרו בעוד שאנו עדיין ביראתינו אנו רוצים לעשות כאשר היינו נוהגים[b] עד עתה ולמחר נהיה לעם אחר ושימו אותנו הלילה בחדר אחד עד למחר כי עייפים ויגיעים אנחנו מטורח הדרך. וכן עשו כאשר דבר להם החסיד למלאות תאותו ויקם בעוד לילה ולקח בידו המאכלת ונתאזר בגבורה ושחט את אשתו וג׳ בניו ואחר כך שחט את עצמו ונתעלפה רוחו ועדיין לא מת ולמחר כשבאו האויבים עליו היו סבורים שיבואו אליהם כמו שנדר להם וימצאוהו שוכב על הקרקע ושאלו ממנו רוצה אתה להמיר אלהיך עדיין ולחזור לטעותינו כי עוד תוכל לחיות השיב ואומר להם חס ושלום לא אכפר באל חי [בשביל מת פגר מובס][c] אלא אהרג על שמו של הק״בה ועל תורתו הקדושה ואבא היום עם הצדיקים במחיצתם וליום הזה קויתי כל ימי אמרו לא נהרוג אותך כאשר אתה סבור הנה נקבור אותך חיי בקבר או תהיה מודה על טעותינו. חזר ואומר לו יהי כדבריכם והכל אני מקבל עלי מאהבה. ווידים כרו לו שוחה והלך הוא בעצמו ר׳ שמריה החסיד בתוך הקבר ולקח את ג׳ בניו והשכיבם לשמאלו ואת אשתו והוא באמצע ויזרקו עליו עפר מלמעלה והיה צועק ובוכה בקול וקונן עליו ועל בניו תלעתו השובבים אצלו כל אותו היום עד למחרתו. ובאו עליו אויבי יי בפעם שנית והוציאוהו מתוך הקבר חיי כדי שיחזור בו ודאי מודה לטעותם ושאלו לו עוד אם אתה רוצה להמיר אלהיך ולא רצה החסיד ר׳ שמריה להחליף הגדול הנכבד בנקלה והחזיק בתומו עד יציאת הנפש. ושמו אותו בקבר פעם שנייה ויזרקו עליו עפר ומת שם החסיד על ייחוד השם הנכבד והנורא ועמד שם בנסיונו כאברהם אבינו אשריו ואשרי חלקו עליו ועל כיוצא בו נאמר לאהביו כצאת השמש בגבורתו מה הוא גבורתו בתקופת תמוז · צא ולמד כמה שבחו של שמש בתקופת תמוז יותר מכל ימות השנה כך יהיו הצדיקים גדולים לעולם הבא יותר מכל האומות והם יהיו מאותו כת החביבה לו יותר מן האחרות העתידין לעמוד ולשב בצילו של הק״בה ולעמוד על ימינו שנ׳ מימינו איש דת למו ועליהם נאמר המקרא הזה שובע שמחות את פניך נעימות בימינך אל תיקרי שובע אלא שבע אילו שבע כתות של צדיקים זו למעלה מזו ופניהם דומין לחמה ולבנה ועליהם נאמר מה רב טובך אשר צפנת ליראיך פעלת לחוסים בך לעולם ירננו אור זרוע לצדיקים ולישרי לב שמחה והצדיקים הללו איוו לקדש את השם הנכבד והנורא בשמחה ובטוב לבב כאדם ההולך לבית המשתה וליחדו כאיל הערג על אפיקי מים:

מכל אותו שבע כרכים שנתפזרו שם קהל קלוניא לא ניצלו רק אותם מעט שהיו בכרך קֶרְפָּנָא לא נהרגו אבל האויב המושל על הכרך הרע לעשות

---

a) So. b) Hds. נהוגים. c) Rasur in der Handschrift, aus dem Berichte Kläsers ergänzt.

בעניין אחר כי ציווה לעבדיו ולקחו את המצבות של מתים הקבורים בקלוניא ולעשות לו בניין באבני המצבות ועשו כן וכשהגביהו האבנים בסוללות על הבניין לבנות החומה נתגלגל הדבר מיי קנוא ונוקם ונפלה אבן אחרת על ראשו של אויב מושל הבירך ושיבר את ראשו ופצע את מוחו ומת ואחרי כן נשתגעה אשתו ויצאתה מדעת שלה השגל שלו ומהרה באותו חולי ורמז לנו אל קנא ונוקם שנתן בהם נקמה ממה שעשו וכן ינקום דם עבדיו השפוך ונשפך בכל יום ויום עליו במהרה בימינו:

ובאשר עשו האויבים מזימות לבם באילו הקהילות כאשר סיפרנו כן עשו בקהילות אחרות בעיר טְרִיבְרִיש במיין ובריגנשפורק ובפרגא ובושל[a] ובבהיים וקידשו כולם את השם הגדול והנורא מאהבה ובחיבה והכל היה באותה שנה ובזמן אחד כי כל אותו דור הטוב בחר לו יה למנה ולזכות בהם את דורות הבאים אחריהם וכן יהי רצון מלפני אל רם ונישא שישלם לבניהם אחריהם שכר פעולת ראשונים וזכותם וצדקתם וחסידותם ותמימותם יעמוד לנו עד עולם סלה לקרב לנו הגאולה ולנרצינו עלמות בארץ החיים:

הוגד הוגד לי מעשה טריבריש:[b] ויהי בחמשה עשר לחדש ניסן ביום ראשון של פסח ויבא שליח אל התועים מצרפת ושליח של ישו ופידרון שמו והיה כומר והוא הנקרא פידרבלרט. ויהי כאשר בא שם בטריבריש הוא והאנשים אשר עמו הרבה מאד ללכת בדרך תעותו לירושלים והביא כתב עמו מארץ צרפת מאת היהודים כי בכל המקומות אשר ידריך כף רגלו ויעבור דרך היהודים שיתנו לו צידה לדרכו וידבר טוב על ישראל כי היה כומר ודבריו היו נשמעים. וכשבא אז הנה יצאה נפשינו ושבירה לבנו ורתת אחזתנו והגינו לאבל נהפך כי עד עתה לא מדברים העירונים לעשות עם הקהל שום רעה בעולם קודם עד שבאו אילו הקדישים. ונתנו לכומר פידור והלכו לדרכו ואז באו שבינינו הרעים העירונים ונתקנאו בכל הקורות התמצאות לשאר הקהלות שבארץ לותר ושמעו מה נעשה להן ומה נגזר עליהן והרבה פורענות ולקחו ממונם וחשדו העירונים כל אחד ואחד לבדו וכל זאת לא הועיל ביום חרון אף יי כי היתה סיבה מאת יי מן השמים על כל אותו הדור הנבחר לו למנה לקיים מצוותו:

בעת ההיא לקחו בני קהל טריבריש ספרי תורות שלהם ושמו אותם בבית חזק וכשהרגישו בהם האויבים הלכו בעוד יום לשם ושברו הגג מלמעלה ולקחו כל המטפחת והכסף שהיה סביב עץ הגולל והשליכו הספרי תורות ארצה וקרעום ורמסום ברגליהם והקהל כבר ברחו אצל הנגמון ולא היה לשם. אז לקחו עמהם משרי הנגמון ועבדיו ומסרו נפשם למות והלכו לשם ומצאו ספרי התורה רמוסים ברגל וקרעו בגדיהם. וצרחו במר נפש ראה יי והביטה

---

a) So. b) הוגד — טריבריש *bildet in der Handschrift als Ueberschrift eine besondere Zeile.*

את עוניי כי הגדיל אויב. ולקחו את ספרי התורה והקימו אותם מן הארץ ונשקו אותם והבריחום עמם בפלטר. ובימים ההם הרבו צומות ותענית ועשו תשובה וצדקה וצמו ששה שבועות מיום אל יום מפסח עד עצרת ולעה הערב פזרו מעותיהם לעניים בכל יום והטילו עליהם מס ד׳ פעמים נתנו מליטר דינר מעות ועדיין לא הספיקו מריבוי השחדים עד שנתנו כל נכסיהם ואפילו מן הטלית שעל כתפם ולבסוף אמרו לתת להגמון כדי להצילם מיד וידי[a] ישעה כל שנמצא[b] בידם ולא הועיל להם מאומה כי יי הסגירם ביד אויביהם ויהיה אפו ברם והסתיר פניו מהם[c] ביום פקודתם:

ויהי ביום ראשון של פינקושט והיה גם ביום ההוא השוק תועבה שלהן ויביאו לשם מן הנהר רייניס לשוק או בוהו חסידים אנשי קדש אל הפלטר של ההגמון והוא הנקרא פליש והרצחנים באים ומשתבחים בהריגתם ואבידתם שעשו מאנשי השם הקהילות הקדש וההגמון בא לתועבת טימך לשמור את היהודים וכשמעו האויבים את דברי ההגמון שהזהיר את היהודים אז נאספו יחד להכות את ההגמון או בית ההגמון בתוך ע״ז בחדר אחת ויהי שם שבועה אחד ויבואו כל הגוים אל הפליש שהיו שם בני ברית קדש להלהם ולא יכלו. ויהי כאשר ראו אותם וינע לבבם כנוע עצי היער מפני רוח כשראו שלא יכלו להלהם כי חזק הוא מאוד ורוחב החומה היא ה׳ אמות הבניין גבוה מלא עץ והלכו משם ויאמרו להרוג ההגמון בתוך ע״ז של טימון וההגמון הפחיד מאד כי היה נכרי בעיר ולא היה לו קרוב ולא מכיר ולא היה בו כח להצילם. אז בא עליהם ההגמון בעצה מה יעשו ושאל להם מה חפציכם לעשות הלא אתם רואים כי בכל צדיכם נהרגו כבר היהודים וברצוני היה וראיי לשמור אמונתי בכם כאשר הבטחתי אתכם עד הזמן שנתתי לכם עד שלא נשארה קהילה בכל מלכות לוהיר והנה ראו עתה כי קמו עלי התועים להרגיני ועדיין אני מתירא מהם והנה ברחתי מהם ט״ו ימים. ויענו הקהל ויאמרו הלא נתת לנו זמן באמונתך שהיית מחויק בנו עד שיבא המלך במלכות. ויען ההגמון ויאמר המלך עצמו לא יכול להצילכם מיד המסומנים תשתמדו או תקבלו עליכם דין שמים[d] ויענו לו ויאמרו דע לך אם היה לכל אחד ואחד נפשות עשרה היינו נותגם על יחוד שמו קודם שיטמאו אותנו או פשטו צוארם ואמרו נתזו[e] ראשינו ואל נכפור באלהינו. כשראה ההגמון כך הלך עם שריו ומצא להם מרגוע ד׳ ימים עד שעבר יום מתן תורה וכך ביקשו ממנו החסידים ועשו אותו חג לאכל כי ידעו ושמעו כי ההגמון וכל פוצה פה יועצים עליהם רעה על לא דבר:

ויהי היום וישלח ההגמון שליה אליהם מה יעשה ומה עיצה יעשה כי כל העולם קמו עליו להורגו. אז חשבו בדעתם שהיה רוצה שיתנו לו שוחד ויאמרו לשליה לשחדו בכל ממונם ויען השליח ויאמר באלה אינו רוצה ההגמון

---

a) So. b) *Hds.* שנמצה. c) *Hds.* ברם. d) *In der Hds. folgt noch* עליכם. e) *Hds.* אתו.

אז רפו ידי החסידים. ויהפוך לב הדגמון ושריו עליהם לרעה ויועצו יחדיו שלא להרגו אותם כי אם שנים או שלשה כדי להפיג לב שאיריתם אולי יחזרו לטעותינו וישלח הדגמון אליו ויקרא אל אנשי עירו החשובים ושריו עמו ויעמדו לפני פתח שער הפלטר ובתוך השער הידה דלרת כפי הכבשן והאויבים עמדו סביבות הפלייש למאות ולאלפים אוחזי חרבות שחוות ועמדו לבולעם חיים הגוף עם הבשר. אז נכנס שר צבא של הגמון והשרים בפלייש ויאמרו אליהם כה אמר ארונינו הדגמון תשתמרו או צאו חוץ מפלטר שלו כי איני רוצה עוד להחזיק בכם כי פעמים הרבה קמו עליו להורגו עבורכם ואינכם יכולים להינצל ואלהיכם אינו חפץ להציל אתכם עתה כאשר עשה בימים קדמונים ראו ההמון הרב העומדים לפני פתח שער הפלטר. ויהי כי ראו כי גדול הכאב מאד ויבואו החסידים וישבו לארץ וישאו קולם בבכי ויבכו בכי גדולה במר נפש אנשים ונשים וטף ויתוודו על חטאתם. אז הוליכיהו לחוץ את מר אשר בר׳ יוסף הגבאי להרוג כדי להטיל אימה ופחד על השאירית ויודו לטעותם ויען ויאמר מר אשר מי בכם מכל עם יי יהי אלהיו עמו ויעל ומי הוא הרוצה לקבל פני השכינה והנה עולם מלא כל טוב בשעה קטנה. ויען נער אחד ושמו מאיר בר׳ שמואל ויאמר המתן לי אני רוצה לבא עמך בעולם שכולו אור ואייחד עמך שם המייחד הנכבד והנורא בלב שלם ובנפש חפיצה ובשיצאו מפתח הפלייש ויביאו לפניהם התו[עים] שישתחוו לו והטילו ומודה על ה.......[a] והרגו[b] שם את שני החסידים אילו על קידוש השם. והיה שם מר אברהם בר׳ יום טוב איש אמונים צדיק וישר ואהוב לשמים והיה משכים ומעריב לבית התפלה ונפל על פניו והתוודה על עוונותיו לפני מלך מלכי המלכים הקבה וישא קולו ויבך ויאמר אנא יי אלהים למה עוזבת את עמך ישראל ללעג ולביזה ולהרפה ולאבדינו בידי העמים הטמאים כחזיר שאוכלים אותנו העם שבחרת בם להיות לך לעם סגולה מכל העמים והגבהת אותם מן הארץ עד לרקיע ועתה תשלכת מן השמים ארץ תפארה ישראל והרבית בנו חללים. ויפול החסיד מלא קומתו על פניו ארצה לעיני השמש והגביהו אותו והוליכוהו לחוץ ונהרג שם על קידוש השם. ושם היתה נערה קטנה בת טובים וקידשה גם היא השם בקדושה. ואחרי שנהרגו אילו ראו האויבים את הנשארים בפלייש והיו מחזיקים עדיין בתמימותם בבתחילה ולא רפה ידם ממה שנעשה בראשונים ויאמרו איש אל אחיו כל זאת עושות הנשים שמסיתות את בעליהן להחזיק ידם למרוד בת ...[c] ויבואו כל השרים ויחזיקו כל אחד ואחד בידי הנשים בכח גדול הכה ופצוע והוליכו אותן לע״ז כדי לטנפם ואחר כך שלחו ולקחו בן מחיק אמו בכח והוליכו עמם לקיים מה שנ׳ בניך ובנותיך נתונים לעם אחר ותשאנה הנשים קולן ויבכו. וג׳ ימים קודם שהודיעו להם האונס הזה באו השרים שבפלייש וסגרו הבור שהיה שם מים בפלייש כי יראו שלא ישליכו שם את בניהם להמיה ולא

---

a) *Rasur in der Handschrift.* b) *Hds.* ונהרגו. c) *Lücke in der Handschrift.*

הניחו אותם לעלות על החומה מפני שלא יפילו עצמם מן החומה וכל הלילה שמרו אותם שלא יהרגו זה את זה עד אור הבקר וכל זאת הערימו כי לא אבו להורגם אבל לתופשם נתעסקו ולאנס אותם. ונערה היתה לפני פתח הפלייש והושיטה צוארה לחוץ ואומרה כל מי שרוצה להתיז את ראשי ביראת צורי יבא ויעשה ולא רצו לנגוע בה הערילים כי היתה יפת תואר ובעלת חן הנערה הזאת אבל הרבה פעמים רצו ליקח אותה ולהוליכו עמם. נתכוונו ולא יכלו כי הפילה עצמה לארץ ועשתה כמו שהית מיתה וכן נשארה כפלייש. אז באתה אליה דודתה ואומרת אליה רוצה אתה למות עימי ביראה צורינו ענתה ואמרה לה הן ברצון הלכו ושיחדו את שומר הפתח ויצאו והלכו על הגשר והפילו עצמם במים על יראת מלך עילם וכן עשו שני בחורות מקלוניא ועליהם ועל כיוצא בהם נאמר כה אמר יי מבשן אשיב ממצולות ים ושבח ליי שניתנו לקבורה. ובעל נקמות ינקום בימינו לעינינו נקמת דם עבדיו השפך חכיתם וצדקותם יעמד לנו לזכות ויגן עלינו ביום רעה:

ועתה אספר מאותם שבמיץ.[a] מאוס מאסת את ישראל ואם במיץ קהילה קדושה געלה נפשך מדוע הוכו הם חרעם ונהרגו בה חסידי עליך נכבדי ארץ בעלי תורה ר׳ שמואל כהן הגבאי ואחרים עוד יותר נהרגו שם קדושים איתגים מוסדי ארץ ויהי מספר ההרוגים במקום ההוא עשרים ושנים ורובם נאנסו ברוב עון ואשם עד שעברו ימי הזעם ואחרי כן שבו אל יי בכל לבם והמקום יקבל תשובתם ויכפר עוונות עמו:

הקהל שהיו ברעגנשפורק נאנסו כולם כי ראו כי לא יוכלו להינצל וגם אותם שהיו בעיר כשיקבצו עליהם התועים ועם הארץ דחקו אותם בעל כרחם והכניסם בנהר אחד ועשו סימן רע על המים שתי וערב והטבילם כולם בבת אחת באותו הנהר כי עם[b] היו שמה וגם המה שבו אחרי יי אחרי שעברו אויבי יי מיד ועשו תשובה גדולה כי מה שעשו עשו מחמת אונס גדול ולא יכלו לעמוד בנגד האויבים וגם האויבים לא רצו להורגם וצורינו יכפר לנו חובותינו:

ויהי כאשר באו התועים אל אנשי קודש שהיו בעיר שלא[c] ויאמרו עתה תבינו אל דברינו ודעו מה תעשו או תחזרו לתעותינו או תקבלו[d] עליכם דין הרג כאשר עשו אחיכם היושבים בארץ החורי ולקחו מהם זמן ג׳ ימים מן התועים ומבני עירם והודיעו הדבר אל השר שלהם על יד שליח ואותם ג ימים קידשו צום וחילו פני אלהים חיים בצום בבכי ובצעקה ונתקבלה תפילתם והצילם האל הרחמן והחזיק ידידם השר בתוך ג׳ ימים של זמן ושלח להם השר דוכוס אחד ועמו אלף פרשים אחוזי חרב וגם מבני יהודה הגרים בעיר שלא חמש מאות איש בחור שלופי חרב אנשי מלחמה אשר [לא] ישובו פניהם אחור מפני אויב ויבואו על העיר בטח ויכום בהם מכה גדולה

---

a) ועתה — שבמיץ *bildet in der Handschrift als Ueberschrift eine besondere Zeile.* b) *So.* c) *So.* d) *Hds.* תקבל.

מן התועים ובני עירם ומן היהודים לא נהרגו כי אם ששה ושאר הקהל הצילם מאור ישראל והוליכום כולם ביחד בבית אחד כנגד העיר שלא בעבר הנהר והיו לשם בשלום ובהשקט עד אשר עברו אויבי יי:

ועתה נאה לנו לספר בשבח האנוסים כל שהיו אוכלין ושותין מוסרין עליהם את הנפש היו שוחטין בשר ומאבלים ומנקרין ממנו החלב וגם בודקין את הבשר כתיקון חכמים ולא שתו יין נסך וגם לא היו הולכין לבית תרפיהם כי אם מעט לפעמים כי כל שעה שהלכו הלכו מרוב אונס ומרוב פחד והלכו בנפש צרה וגם הגוים בעצמם ידעו שלא נשתמדו בלב שלם כי אם בשביל פחד התועים ואינם מאמינים ביראתן כי אם ביראת יי היו דבוקים והיו מחזיקים באל עליון קונה שמים וארץ ולעיני הגוים היו משמרין שבתו כהילכתן[a] ושמרו תורת יי בצינעא והמדבר עליהם רעה כאילו מדבר פני השכינה:

ויהי אחר הדברים האלה אשר עשו הפצם ורצונם אז נפנו ללכת בדרך תעותם לירושלים ושירא ראשונה של הכומר מארץ צרפת ועמו חיל לרוב מאוד ויבא עד קצת מלכות הונגרייא[b] וישלח אליו מלאכים אל מלך הונגרייא[c] לאמר נעבירה נא בארצך דרך המלך נלך לא נאכל ולא נשתה כי אם בכסף ויתן המלך רשות לעבור בכל גבולו הוא וכל חילו רק שילכו בשלום ואל יזיקו לעמו בכל עיר ועיר ויבואו עד עיר מבצר עיר גדולה והיו בה אנשים הרבה ואחזום כבר חצי רעב ומעט לחם היו קונים בדינר. אחד מן התועים הוליך[d] בידו בתי שוקיים צמר למוכרם בשוק לקנות בו לחם ובא אחד שבעיר והלעיג עליו והשטן בא ביניהם עד שקמו אילו על אילו להרוג ורוח רעה נוסדה ביניהם וקמו התועים והרגו כל בני העיר מעולל ועד יונק והשמועה באה אל המלך. ויסעו משם אויבי יי ויבואו עד נהר אחד ושמו דונאי והנהר היה מלא על כל גדותיו ולא היו ספינות לעבור הנהר והיה שם אצל הנהר כפר אחד ויבואו וישחיתו הכפר ויקחו את עצי הבתים ויעשו העצים ויתקנו בהם גשר ויעברו את הנהר ויבואו עד עיר החומה דלתים ובריח ואנשי העיר סגרו את השער בפניהם ולא רצו להכניסם בעיר כי כבר הרגיש כהן המלך וצוה להן המלך שלא יהיו מבנים[e] במבצריהם כדי שלא יהיו מחריבים את מלכותם ויעשו כן. וירא פידרון הכומר כי לא יכול לבא העירה וישלח מלאכים אל העיר כומר אחד הואיל ואין אתם מניחים אותנו ליכנם בעיר שילחו לנו לחם מחוץ לעיר ונקנה ולא אבו בני העיר לעשות כן כי מצות המלך היא. ויוסף עוד וישלח מלאכים אל שומר העיר למוכרה להם לחם שוה מעה בשני מעה ויענו אליו לאמר אפילו לפיקוח נפש לא נמכור לכם. ובלילה ההוא צמו אויבי יי ובאו כולם לפני פידרון הכומר והתייעץ עמו מה יעשו ויאמר למחר ונעשה בהן נקמה ויען להם פידרון ויאמר אמת הוא ודאי שבאומה זאת אין בהו ממש ולא באמנתם כי פחותי אמנה הם יותר מישמעאלים ואומנם בני

---

a) *Hds.* בהלכתן. b) *Hds.* הונדריא. c) *So.* d) *Hds.* והליך. e) *So.*

סקילה הם כי בעדותם אינם חוששים לחיותינו ויקרא אל העם ויאמר סובו על העיר. ויבואו האויבים בעיר[a] וישברו השערים ויהרגו כל הנמצא בתוכה וישבו בתוך העיר ג׳ ימים ויאכלו כל הנמצא בה ויבזו העיר וילכו להם. וישמע המלך של הונגריא[b] את. אשר עשו התועים ואשר עשו שממה שתי עיירותיו וימס לבבו ויאסוף כל חילו להלחם עם התועים כי כבד הוא מאוד יעם כחול אשר על שפת הים. אז ציוה המלך לעבדיו לאמר לעם שיחזירו איש למקומו ויהיו נכונים לבא אל המלך בכל עת שיצווהו המלך ויהי ליום המחרת ויקרא המלך לשרים ולפחות ולסגנים לבדם ויתיעצו עם המלך לסגור השערים שעל הגבול שבקצה מלכות הונגריא שלא יכנס עוד מעתה ואילך שום תועה לשם יותר ואותם שנכנסו כבר התחילו לגנב כל הנחשלים וכשהיו תופשים מאה תועים ביחד היו הורגים אותם וגם למחר עשו כמו כן ולמחרת כמו כן עד שהרגו את כולם אותם ההולכים עם פידרק הכומר ונקם הקב״ה נקמת דם עבדיו מהם ולא נותר מהם אפילו איש אחד. ומלכות הונגרייא סגורה ומסוגרת מפני האויבים. ואז באו לו הריינש יושבי ריינוס חיל כבד מאוד וחיל שוובא וחיל צרפת וחיל אושטרייך הם בני שעיר החורי חיל לרוב כחול אשר על שפת הים וראש כולם היה אימכו הרשע הפיחה מולדתם[c] ישתחקו עצמותיו. ויבואו עד קצה מלכות הונגרייא עד עיר איזנבורק[d] וסביב לחומה בארות חמר ויעלו עליה להלחם ולא יכלו אז באו בעיצה הראשים והפחות לשלוח אל המלך של הונגרייא שיעשה בשביל ההלוי[e] שיתן להם מקום לעבור והם ישלימו כלי מלחמתם ויקחו ד׳ אנשים מביניהם הפחות וישלחו אליו כדברים האלה. אז בא המלך וציוה לאוסרם ג׳ ימים וביום השלישי נשבעו[f] לו אותו ד׳ פחות שהיו מביאים לו ראש אימכו הפחה יפטרם בשלל. ויוגד הדבר לאימכו ויברח בעוד לילה והנשארים נסו וירדפו אחריהן חיל מלך הונגרייא ויהרגו בהם מכה גדולה ורבים שמתו וטבעו בטיט היון יותר משנהרגו בחרב וכשהיה אחד בורח היה ניפל בטיט עד ארכבותיו ולא היה יכול לזוז משם עד שמת. וירדפו אחריהם יוונים מכל צד עד הנהר דונאי ויברחו על הגשר שעשה פידרק כומר וישברו הגשרים וטבעו בנהר דונאי יותר מאלף אלפים וריבי רבבות עד שדרכו על גבם כמו שידרכו על היבשה והפליטה באה ושמעה ושימח לבנו כי הראנו יי נקמה באויבינו. בימים ההם לקתה החמה וביום ההוא שיבר יי גאון אויבינו ונעקרו שמם. ועדיין לא שבו האויבים ממחשבותם הרעים ובכל יום ויום נוסעים ללכת לירושלים ויי המסירם לטבח כצאן לטיבחה והקדישם ליום הרינה והשב לשכינינו שבעתים על חיקם ותשיב להם גמול יי כמעשה ידיהם. תן להם מגינת לב תאלתך להם וגו׳ הרדוף באף ותשמידם מתחת שמי יי כי יום נקם ליי שנת שילומים לריב ציון וגו׳ ישראל נושע ביי תשועת עולמים לא תבושו ולא תכלמו עד עולמי עד:

---

a) *Hds.* העיר. b) *So.* c) *So.* d) *Hds.* בייזנבידק. e) *Am Rande der Handschrift von späterer Hand hineingefügt.* f) *Hds.* נשבע.

בראשית באנו תקוע אוהלינו[a] ובל יסיע יתידותיו לנצח אל שפיירא הזאת וזה היה על דבר הדליקה אשר נפלה במדינת מעגנצא עיר שפיירא[b] עיר מולדתנו מקום אבותינו קהילה הקדומה המהוללה ומשובחה מכל קהילות מלכות ונשרפה כל שכונת היהודים והרחוב שלהן והיינו בפחד גדול מן העירונים. ובאותו שעה בא מאיר כהן מוורמיישא וכידו הודה בהנים יהיו סבורים שהוא כסף או זהב והרגוהו ואז היה לפרט לבריאת עולם אם יהרג במקדש יי כהן ונביא. אמר להם רבינו משולם מעתה אל תיראו כי זה היה ישקול. ואז נתננו אל לבינו לצאת משם ולנוח כל אשר נמצא עיר מבצר אולי יחנן יי החונן ורחם המרחם ויעזור העוזר להחיותינו כהיום הזה. וקבל אותנו בסבר פנים יפות ושלח גם אחרינו שריו ופרשיו ואז נתן לנו ירכתי העיר ואמר אלינו להקיפינו חומה דלתים ובריח לחסות אותנו מן הצוררים להיות לנו למבצר ויחמול עלינו כאשר יחמול איש על בנו וערכנו תפלה לפני בוראינו השכם והערב ימים על ימים ונצלו על יד העמק יוחן ונהרגו י"א נפשות ושאר הקהל הוצלו יתברך ויתעלה זכרו לעד. ואחרי כן חזרנו לעיר איש איש לביתו ואל מקומו ולא יכלו בני שכונה העליונה ללכת אל התחתונה ערב ובקר וצהרים מפני יראה הצרים הצוררים הארורים ונתפללנו בשכונה העליונה בבית מדרשו של רבינו יהודה בן רבנא קלונימוס ואותם שבשכונה התחתונה נתפללו במקומם בית התפילה וכן נהגו כמה שנים:

ותשלם כל המלאכה בירח אלול שנת תת"סד לפרט וערב ראש השנה בא אחד מן הזקנים ואומר אל הקהל באו ונעלה את הארון אל הבית אשר הכינונו על מכונו ועל תיקונו וילכו זקני הקהל הכהנים והלוים ויעלו את ספרי התורה אל הארון אשר שם בבית הכנסת בשמחה גדול ויהיו שם עד היום הזה וביום המחרת בראש השנה החלנו להתפלל בתוכה והתפללנו עד היום הזה:

סליק זה. השם יזכינו לראות בבניינו במהרה בימינו לחזות בנועם יי ולבקר בהיכלו וינחמנו מאבלנו אמן:

וזה[c] מהחסידים הנשרפים.

ילאו לבבות לחוות וידי כל לתוות בעם והוות לא יכילו עם אלהינו ועם נפשותם ומי יעצור לכתוב דבר הצרה הזאת ולא ייתר לבבו הן בשמוע איש מאחיו הצילנה שתי אזניו הצא רוחו עד אבוד עשתונותיו אף כי אנחנו מרי הלבב היספר איש צרותיו ושפתיו לא תסכרנה ואם תכתוב ולא תיגע אף מצות המלך היא ומצות רבינו יעקב ולא נמנע ממנו:

---

a) *Hds.* איהלי. b) *So.* c) *Der hier folgende Theil ist in der Londoner Handschrift vor dem mit* בראשית *beginnenden Abschnitte (Z. 1) eingeschoben. Siehe die Einleitung.*

נתנו קהל אורלינש עלינו להביא את העגלה הננו . . . . .[a] ההתיה אשר
בפשעינו כל זאת והטאותינו והשם בקרוביו נקדש ומאז נתן עמו למשיסה
ויצה אש במקדשינו לא עלו לאישים קדשי קדשים באילו ויעלו מלאכי השם
בלהב שלשים ואחד מלאכים שרפים עומדים ממעל לו אשר באמור הצר
היציאום וישרפום אמרו נקרא להם ונשאלה את פיהם אולי ימירו כבודם
בלא יועיל ויענו באיש אחד לא כי באלהינו נדבק באלהי ישראל ואותו נירא
בכל לב ובכל נפש הם מוציאים והם הושיבו אל לבבם אולי ירך לב אחד
בהם ויאמרו איש אל אחיו המן איש הזה נחרד הלא זה יום נבחרנו וכה אמרו
בלבהם השמרו לכם פן יפתה לבבכם חזקו ונתחזקו ביראה יוצרינו למען תהא
מיתתינו כפרה על כל עונותינו ואילו הן חטאות ואשמות הציבור אשר בהם
יתכפרו כל ישראל כי אישי יי להם אלהיהם הם מקריבים ויהיו קודש וירח
יי את ריח הניחוח ברביעי בשבת בעשרים לחדש סיון בשנת הת"קלא לפרט
וראוי הוא לקובעו צום לכל בני עמינו וגדול יהיה כבוד הצום הזה מצום
גדליה בן אחיקם כי יום כיפורים הוא והוכו ופצועו וכאשר יענו אותם בפצעיהם
ובכיתם בן הזקן[b] ואמצו[c] לבבם לאהבה את שם[d] יי להיות קדושיו וכה
מלאו אחרי יי אוי נא לנו בהם היום לעת בקר הציתו את האור. ויהי בעלות
הלהב וירונו פה אחד הרימו קולם בנעימה ובאו וסיפרו לנו הגוים ואמרו לנו
מהו שירכם כי כך הנעימה ולא שמענו בנועם הנעימה ההוא כי תחלת היה
הקול נמוך ולבסוף הרימו קולם בקול גדול ויענו יחד עלינו לשבח והבער האש.
ושנים כהנים היו אסורים בעמוד אחד ויקראו אל עבדי הצורר טיפליש[e] הרשע
ואמרו הנה באש הזה אנו ואינו שולטת בנו ויאמרו הצאו מזה. ר' יודא[f] בר
אהרן נתקא[g] ידיו[h] גם אסירי ידי חביריו[i] ויאמרו נצא אם ימותינו נמות ואם
יחיינו נחיה ויצאו שלשתם ויקומו עליהם האויבים ויכום מכה גדולה ושם מתו
הקדושים האלה לפני יי ולא אבו להוציא דבר בלייעל מפיהם הם בצדקתם
ובצדקתם מתחלתם ועד סופם וישליכום על האש ויתהו עלידם הגחלים ועדיין
לא נשרפו. הדברים האלה סיפרו לנו בני עירנו ומכירינו שהיו שם למעשה
ולא מפיהם אנו היין כל הדברים כי היה שם בשעת השריפה ברוך בר' דוד
הכהן בעיניו ראה ובאזניו שמע רק השריפה עצמה לא ראה פן יבולע לעם
אשר נאסף שמה חוץ לעיר אל מקום האש ואחרי כן בשוך העם בשובם
בכלות השריפה ביום ההוא מיד נס וימלטו לאורלינש:

וסיבת הרעה איך הייתה כי בחמשי יום המקולל לערב משחשיכה הלך
ר' יצחק[k] בר' אלעזר מבלויש והיה משקה סוסו בנהר והיה נושא את עירה
ויירא[l] בחיקו שהיה מביאה מבית עירון אחד ונשמט אחד משולי העורה[m] שקורין

---

a) *Lücke in der Hds.* b) *Hds.* חוקדו. c) *Hds.* יאמצוי. d) *Hds.* השם. e) S[illegible]
f) *Fehlt in der Handschrift. Aus dem Berichte Ephraims ergänzt.* g) *Hds.* נתקי. h) *Hds. gestrichen* ידי. i) *Für das dem Sinne entsprechend gewählte* ידי חביריו *hat die Hds.* ידיו. k) *Hds.* ר"ר.
l) עירה ויירא *fehlt in der Handschrift, ergänzt aus dem Berichte Ephraims. In unserer Handschrift an Stelle dessen eine Lücke.* m) *Hds.* העירה.

פאו והיה נראה מתחת[a] סרבלו ובא גולייר אחד גם הוא להשקות סוסו ובבואו ראה סוס הגולייר לובן העורה[b] וקפץ לאחוריו ולא היה יכול להביאו במים. ולא צעק ולא דבר מאומה עד שבא אצל אדונו ויאמר הידעת כי פגעתי בחקיך היהודי והיה מנער במים מת קטון ויהי בחשך ויברח הסוס ויפחד וישאיני ולא שתה. ויאמר לו אדוניו החרש אתה זה היום שקויתיו הוא בזאת ובזאת דבריה היהודיה[c] כזאת וכזאת אעשה גם אנכי כאשר הרעה לי בן ארע עמה. והיא היתה קשת רוח לבני עירה אשר עמה בתיקף השלטון בסלע ותנהג בכבידוה עם כל בואיה והשלטון אהבה ותקש גם השלטונה ועם מניקתה. ויהי כראותם כי אינה עם השלטון כתמול שלשום ויהתרו בני עירה להרוש אליה רעה והיא אע״פ שנתפשה מותרת היתה שלא הביאוה בכבלים אך במגדל נעצרה וכל הקהל עמה את כל אשר היה עם לבבה לדבר אך אל השלטון עצמו לא יכלה לדבר והיא היתה מתאמצה שלא האמינה שלב השלטון רעה אליה כי כל הימים עד״ה אהבתו עליהם ואיך יהפוך עתה. ויהי עוד מזמותיו רבות לדעת מה לעשות ויבא גם השטן בתוכם כומר אחד מגשטינוייש שנימת שמו חברו נאבר ומבהיל[d] להביא את הגולייר הרע שראה ר׳ יצחק במים מבהל אותו במים שמאים אם יפול . . . .[e] על היהודים יעשה בהם שפטים. וישמע קולו בפתאום ותרוצץ הרעה על יד כומר הנזכר ותחילה פתח השלטון בממון ויצו[f] אל ברוך בר׳ דוד הכהן ואל ר׳ יצחק בר׳ יהודה אשר הלכו לדבר אל השלטון אליהם לדבר אל היהודים לשאל מה יתנו וילכו וישיבו דבריהם אל השלטון ויאמרו אליו ק׳ ליטרים יתנו והנה ק״פ ליטרים דיי לך בכך וישמע ויחר אפו ויחדל לדבר אליהם. ויהי בהרות אפו ולא שמע אליהם רק אל הכומר לבדו פנה ויעש ככל אשר ציוהו ויבא במים את הטמא והצדיקו את הרשע והרשיע את הצדיקים וישרפו ברשע הסידי עליון שריפת נשמה וגוף קיים ובן כל הערילים מעידים שלא נשרף מהם הגוף ואמרו כי רק ששנאיהם נשרפו גופם ונראין הדברים כי משנאתם דברו כן אלה:

וקהל לוקיש טרם הצרה הודיעו כי נמלטו לשלום רק המלשין לבדו נתפש. אני ברוך בר׳ מאיר אודיע לכם איך היה המעשה. בחור אחד היה מלוקיש חפץ בבתולה ושאלה מאת אביה ומאת קרוביה וענו אותו קודם היינו מטביעים אותה במים שהית מתחברת לך. הלך הנער הבחור בערמה יקידיש הנערה לפני עידים ובא לאביה ואמר הלא נזדווגנו יחד בעל כרחכם וענה האב לא יועיל לך הנבלה אשר עשית עד שהלך הבחור לפני השר והלשין עליהם ונתפשו. ואותם יצאו ש״ל אבל הוא לא יצא עדיין ולא ידענו אם חס ושלום הצרה הזאת הבאישה אותם אם לאו ולקבורה לא נתנו בע״ה אך מקום נמוך היה מקום השריפה וציוה השלטון וכיסים בעפר ובאבנים

---

a) Hds. כיתחתי. b) Hds. העירה. c) So. d) So. e) Lücke in der Handschrift.
f) Hds. ויצוי.

ישמענו כי חרה אף השלטון על הגוים אשר הרבו בעצים ובמקלות על היוצאים מן השריפה שהומתו: אחרי תום כל דברי כתבינו נזכרנו בקדושה אחרת שנשכחו אשריהם אשר ביה מספרם בפרטם לא מצאנו ואולי עם שתי הבתולות נער אחד שלא קיבלו הכרחה נכלל במספר נתיבות היצירה אשריהם שעמדו בנסיון:

וזה כתב מקציני פרישי[a]. היום יום בשורה טובה לבשר לעמו ישראל מאת המלך הגדול אשר הטה לב בשר ודם עלינו לטובה כי הלכנו אל המלך בכפר פיישי להתנפל לפני רגליו על דבר זה. ובראותינו כי הקדימנו לשלום ואמרנו לו כי היינו רוצים לדבר עמו בחשאי וענה לנו אל תדברו כי אם בקול רם וקרא הוא בעצמו לכל משרתיו העומדים במגדול ואמר להם שמעו כולם מה עשה השילטון טיבלט שיהיה עקיר הוא וכל זרעו בשנה הזאת אם עשה ביושר או טוב ואם עשה שלא כדין יבא על גופו כי גם אני ירא ממנו על מה שעשה ועתה היהודים שבארצי אין להם לירא על מה שעשה הצורר בממשלתו כי גם אותם שבכפר פונטייא ועל אותם שבכרך יינבילא הבריזו האומות עליהם שעשו דבר זה והביאו הדבר לפני ולא נמצא דבר אמת מעולם. המלך היה מספר לפני היהודים ממעשה רייקט[b] שעשו קדשי[c] בפרייש שהיה הכל כך דבר זה ועתה היו יודעים כל היהודים שבארצי כי אינני חושש בדבר זה כי אפילו מצאו[d] הגוים גוי הרוג בעיר אי בשדה לא אומר ליהודים שום דבר בשביל כך לכן אל תחושו בדבר הזה ועתה לא נוכל עדיין לילך שם. ועתה ש"ל[e] עשה המלך חותם גלוי לשלוח בכל ארצו להיות היהודים שלימים ושקטים ולכל הפקידים שהיו נותנים כבוד ביהודים ולכל ישראל לשמור גופם וממונם יותר ממה שעשו עד הנה והרבה יותר ממה שכתבנו לכם. שבח והודאה למלך הגדול:

את הגלוי אבאר אל הרב ר יום טוב לגלות לרבינו הקדוש בכתב אמת להודות לצור ישעינו אשר הטה לב המלך לטוב עלינו כי כאשר שמע הדבר הרעה הזה משתומם כשעה חדא ואומר למלכה היום נגע ושיבר אחיך העטרה שלי כי מזהרים אנחנו מאת הקדושים לשמור גופם וממונם כאישון עין. וירע בעיניו את אשר עשה כאשר הראה לכל ושאלו לו השרים אם יעשו בן משנאינו וענה לא נכון לעשות כן אפס ברוחי אליהם לכבדם פי שנים יותר מבתחילה וחתם חתמו בכל ארצו אל הפקידים לשמור את היהודים גופם וממונם כבבת עין:

ואתמול באתי אל הרגמון משינץ לדבר ולהוציא האסורים מבית הסוהר אשר התת אחיו השלטון הרשע והאנוסים בני הסידי והשחדתי על ק"ב ליטרין וק' ליטרין אל השלטון וכבר נתתי לו ערבים ויחתום לו להוציאם ממסגר והנערים שנאנסו ושאל להם לשוב אל יי או יבואו ביד רמה וכל השבים

---

a) *Bildet in der Hds. als Ueberschrift eine besondere Zeile.* b) *So.* c) *So.* d) *Hds.* בבצאו.
e) = שבח לאל.

יצאו מתחת יד הרשע בלבושיהם ולא יותר כי עיכב את כל אשר להם חובות וממון וגם יחתום כל הטוב אשר נוכל לדבר שלא יעלילו על ישראל עוד על לא דבר באלה כל אלה עשה לנו יי: ומן המפתיחות של בית הכנסת דיברו שקר וכזב ולא היה דבר אבל אמת כי השלטון אמר אל יוסף הכהן שמעתי כי היהודים מקללים אותי וענה הכהן ואימר אדוני אל תאמין שלא עלה על לב איש ומי אשר מלאו לבו לעשות כן אל יאמן אדונינו וחמתו שככה וצורינו ישמור אותנו מכף הצורר ומכף כל אויבינו ויוציאינו לאורה אמן כן יעשה יי:

וזה אשר כתבנו אחינו שבפרייש ואין כתבם בידינו כי נשתלח למקום אחר חברון דברים כתבתי. כבא המלך מפלנדרש יצאו לקראתו קציני פריש ושאר מקומות אמרו לעבדי המלך לדבר אל המלך אמרו להם באו. ויהי בראיתם המלך הקדים להם שלום והם השיבו שלום ושמחו בלבבם אמרו לו אדונינו המלך רוצים אנו לדבר בסתר אומר לא בסתר אדבר עמכם אך בגלוי אני אומר כי חטא טיבלש[a] בנפשו וקשה מאוד בעיני ומתיירא אני ממנו ואיני מאמין מהם שהרגו שום גוי מעולם לא בפנטייא ריירט שעשאוהו קדש ולא זה של טיבלט אל תפחדו כי אוסיף על כבודכם כבוד. והעביר קול בכל מלכותו לכבד את היהודים כפלים ממה שעשו קודם לכן ולשמור גופם וממונם יותר מקודם. והחכר ר' נתן בר' משולם הרב מחור עליך שיחד לתתם לקבורה ולפדות התפושים במאתים ועשרים לטרין אולי יוכל. ושלטון הייניך אחי הרשע מצטער בדבר ואומר לא מצאנו[b] בתורת היהודים שמותר להרוג גוי ואתמול יצא קול בערב הפסח באשפנראי ולא האמנתי. ומכל מקום נתנו לטרין להשבית ולהפסיד הקול ואנחנו קטני טורייש גזרנו על עצמינו ועל ישובינו שלא לקרא לחופה רק בני עירו ואם אין שם מניין ישלימו מוסיף ממקום אחר ועוד אסרנו עצמינו ממלבוש של אדרת משי עד ג' שנים לא איש ולא אשה וקבלנו עלינו אנחנו האנשים תענית שיני וחמישי עד הכסא יכן תקבעו לו בכל א"ץ ליותר אולי ישמע הצור בקולכם ויעשה עמנו כבוד נפלאותיו להודיע לכל כי בעבור דמם של החסידים הוא ודבר זה תמחקו מכתבי פן יראה למשומדים ולממסורים וצור ישראל יבשרכם בשורות טובות הברי שלום: אהבה צדק ושנאת רשע חשוק האמת נטוש הקושר ישר לשון דבקת טעם ופרישות ועם:

---

a) *So.* b) *Hds.* בצינו.

II.

Bericht des Elieser bar Nathan.

ויהי בשנת ארבעת[a] אלפים ושמונה מאות וחמשים ושש לבריאה[b] עולם שנת[c] אלף ועשרים ושמונה לגלותנו[d] באחת עשרה שנה למחזור רנ"ו[e] אשר קיינו לישועה ולנחמה כנבואת ירמיה הנביא רנ"ו ליעקב שמחה וגו' ונהפך הוא לינון ואנחה לבכי ולצוחה[f] מצאונו צרות רבות ורעות[g] אשר לא היתה במלכות זה מיום[h] הוסדה ועד עתה. כל[i] הצרות האמורות בכל התוכחות הכתובות בכ"ד ספרים כתוב ולא כתוב[k] עבר עלינו ועל[l] נפשנו על בנינו ועל בנותינו על זקנינו[m] ועל בחורינו[n] על עבדינו ואמהותינו[o] מגדולינו עד קטנינו[p] עברה הצרה הגדולה אשר קמו עזי פנים עם לועז גוי המר והנמהר[q] צרפתים ואשכנזים[r] מכל צד ופנה[s]. ויתנו לבם ללכת אל עיר הקדש[t] לבקש[u] שם קבר תרפותם[v] ולגרש משם הישמעאלים ולכבוש הארץ לידם ושמו אותותם אותות[w]. וישימו[x] על מלבושם סימן[y] שלהם שתי וערב כל איש ואשה אשר נשאם לבם ללכת שם עד כי[z] רבו[aa] מארבה[bb] אנשים ונשים וטף[cc]. ועליהם נאמר מלך אין לארבה וגו':

ויהי בעברם דרך העיירות אשר שם יהודים אמרו בלבם[dd] הנה אנו הולכים לבקש תרפותנו[ee] ולנקום נקמתו[ff] מן הישמעאלים הנה היהודים אשר

---

a) O. ארבעה. b) S. לבריאת. c) S. והיא שנת. d) S. לחורבן בית מקדשנו ת'ו'ב'ב'. e) S. fügt hinzu ללבנה; O. ר"ט. f) S. השמחה לאבל ומנוחה לאנחה ורנה לקינה כי. g) S. ורעות רבות. h) O. למן היום. i) In B geht noch vorher יבא על נפשנו. k) S. האמורות בתוכחות הכתובות בכל ספרי התורה וכ"ד ספרי קודש. l) S. hier. nu weiter unten על. m) Fehlt hier in S. n) S. fügt hinzu על בתולותינו על נשינו ועל טפינו על זקנינו על ורעינו על דורותינו. o) S. על אמהותינו על חכמינו על מנהיגינו. p) B. מקטנינו עד גדולינו. q) S. נמהר. r) S. אשכנזים. s) S. עבר; O. ומכל עבר פנה. t) O. fügt hinzu אשר: S. ירושלם ת'ו'ב'ב'. u) S. ללכדה ולבקש. v) B. תרפיותם: S. משיחם. w) O. fügt hinzu וסבבנו על ידי עצבם. x) B. וישבנו עצבם. y) B. כי יע. z) B. ערבי. aa) B. רבי. bb) O. כהארבה. cc) S. ישבו איתם איתת כל כי שבלא אל לבו הן איש אי אשה ללכת שמה שם שתי וערב אדם על מלבושי יתקבצו עם רב כארבה לרוב. dd) S. לנפשם. ee) B. חרפתנו. ff) B. נקמתינו; S. אנחנו עולים לנקום נקמת משיחנו.

הרגוהו וצלבוהו[a] ננקמה מהם[b] תחלה[c] ונכחידם מגוי ולא יזכר שם ישראל עוד או יהיו כמונו *ויהדו ביחוס הומה[d]. וכששמעו[e] כן הקהלות נפלה עליהם פחד ורעדה חיל כיולדה ותפשו בידם[f] אומנות אבותם[g] תפלה צדקה ותשובה[h] וגזרו צומות[i] מפחרים וגם רצופים שלשה ימים לילה ויום. ויצעקו אל ה' בצר להם וסתם תפלתם ויסך בענן מעבור תפלה כי היתה גזרה מביום פקדי *וזה הדור[k] נבחר לו למנה *להיות לו לפניו כי היה בהם[l] כח וגבורה לעמוד בהיכלו ולעשות דברו ולקדש שמו הגדול בעולמו. ועליהם אמר דוד ברכו ה' מלאכיו[m] גבורי כח עושי דברו[n]:

ואותה[o] שנה אירע פסח[p] בחמישי בשבת[q] וחדש אייר יום ששי לשבת[r] ובשמונה באייר ביום שבת[s] קמו האויבים על קהל שפירא[t] והרגו בהם עשר נפשות קדושות אשר קדשו את בוראם תחלה ביום *שבת קדש[u] ולא אבו להצחן בצחנתם. ושם היתה אשה אחת חסידה ושחטה עצמה על קדוש השם והיא היתה ראשונה לשוחטים ונשחטים *אשר בכל[v] הקהלות והנשארים נוצלו על ידי הרגמון בלא[w] צחן. ועל אלו החסידים אשא[x] קינה:

אלו[y] עדה המיוחדה[z] אשר יחדה[aa] צירה בהרוגי מלכות עשרה:
לב אחד ושכם אחד תפקידנה[bb] נוטרה[cc] ופשטה צוארה:
יפיפית[dd] בעליונים *ובתחתונים אגודה[ee] שפירא[ff] נחלה שפירה:
עדת עליון תמיד לרצון מעותדה[gg] לכפרה לכרמים נוטרה:
זוג קדש בזיו חודש בכבודה נתחברה בספר[hh] החיים להתאמרה[ii]:
רשומה וגם[kk] חתומה עטרה[ll] צרורה[mm] עם המלך גזרה[nn]:
באמור[oo] עם המלך במלאכתו[pp] וגו'.

וביום כ"ג באייר קמו זאבי ערבות על קהל וורמישא[qq] ומקצת הקהל היו בבתיהם ומקצתן היו בחדרי[rr] הרגמון. ויקומו האויבים והצוררים[ss] על היהודים[tt] שהיו בבתיהם ויטרדום[uu] ויהרגום אנשים נשים וטף ונער וזקן. ויהרסו הבתים ויפילו המדרגות וישללו שלל ויבוזו בז ויקחו את התורה[vv] הקדושה וירמסוה בטיט חוצות ויקרעוה ויתעוללו בה ויבזו אותה ויתלוצצו

---

a) *O. fügt hinzu* הנה: *S.* היתה ידם כי בראשונה להכותי ולצלבי. b) *S.* מהן. c) *S. fügt hinzu* לאבד לבו. d) *S.* לעם אחד. e) *S.* וכשמעו. f) *Fehlt in S.* g) *S.* אבותיהם. h) *S.* תשובה תפלה וצדקה. i) *S.* צומות. k) *S.* והדור הזה היה. l) *S.* לעמוד לשרת לפני כי גלוי וידוע לפני מי שאמר והיה העולם שיש בהן. m) *O.* כל מלאכיו. n) *S. fügt hinzu* וככר כפירש בקרובי אקדש וגו'. o) *S.* ואותו. p) *O.* הפסח. q) *So.* r) *Fehlt in B: O.* שבת. s) *S. fügt hinzu* קדש. t) *S.* שפירא; *in B. am Rande* שפירא"ר. u) *S.* השבת. v) *S.* שבכל. w) *S.* בלי. x) *O.* אשה. y) *O.* אלי. z) *S.* כיחודה. aa) *S.* יחדו. bb) *S. B.* הפקדנה. cc) *O.* עבירה. dd) *S.* יפיפיה. ee) *B.* ובתחתוני אגודא; *S.* אגודת. ff) *Hier so in allen Hds.* gg) *S. B.* בכפורה. hh) *S. B.* בצרור. ii) *S. B.* להתאצרה. kk) *S.* גם. ll) *O.* עמדה; *S.* ענידה. mm) *O.* שבירה. nn) *S.* גזרה. oo) *O.* באמ'; *o.* כאחד. pp) *S. B.* במלאכה. qq) *S. B.* וורמיישא. rr) *B.* בחדר; *S.* בחצר. ss) *Fehlt in S.* tt) *S.* אותן היהודים. uu) *O.* וישדדום. vv) *S.* ספר התורה.

ישחקו[a] ויאכלו את ישראל בכל פה ויאמרו אך זה היום שקיינוהו מצאנו ראינו. ולא השאירו מהם וולתי *מעט מזער[b] אשר עשו בהם כרצונם אנסו הסבילו במי צחנתם בעל כרחם ששופן מיכיח על תחלתן שלכופי[c] לא חשבו את יראתם כ״א[d] לשיט ולצואה. *הנהרגים קדשו[e] את השם לעין כל העולם יפשטו צוארם להרוג על שם יוצרם וגם שחטו עצמם איש את רעהו ואיש את קרובו אשתו[f] ובניו וגם[g] חתנים וכלות ונשים רחמניות שחטו את ידידיהם[h] והכל בלב שלם[i] קבלו דין שמים עליהם. ובהשלמת נפשם[k] לקונם הכל[l] היו צועקים שמע ישראל יי אלהינו יי אחד: ויהי לשבעת הימים ביום[m] ר״ח סיון יום ביאת ישראל לסיני[n] *לקבל את התורה[o] החרדו איתם אשר היו בחדרי[p] הגמון ועשו בהם האויבים כאשר עשו בראשונים[q] יתעללו בהם ויתנים לחרב. והם נתחזקו במעשה אחיהם אשר קדשו שם בוראם והוסיפו[r] לקדשו וישלחו יד בעצמם אם על בנים רטשה *ואב על בנים נפל[s] ונשחט[t] עליהם. והאויבים[u] הערימום ויסחבום סחוב והשלך[v] ימעט היו גם ביום החדש. ובשמונה מאות היו מספר ההרוגים אשר נהרגו *באלו שני הימים על קידוש השם[w] וכלם נתנו לקבורה ועליהם בבירור[x] בקינת ירמיה האמונים עלי תולע חבקו אשפתות. *ואז עמד[y] בחור אחד ישמו[z] שמחה הכהן בשראה שמוליכין אותו[aa] לבית תרפיהם[bb] שתק עד ביאו לשם. ויהי בבואו שמה[cc] הוציא סכין מבית יד שלו והרג בו שר אחד נבדי של הגמון ומיד *עשו מנופו[dd] חתיכות[ee] ועליו ועל כיוצא בו[ff] נאמר אהביו כצאת השמש בגבורתו. ועל אלו הצדיקים אתאונן[gg] קינים *נהי והי[hh]:

אקונן ואספדה[ii] ואלילה עלי כנסת[kk] כמהוללה[ll] עלי לבי יללה כי ביתי נחלה:

לבשה[mm] חרדה פליטה שרודה[nn] מראשותיכם[oo] כי ירדה עטרת הוד גדולה:

ידידים ורעים אבלו מרעים שבני הרעים הנגעים בנחלה:

על אלה נועה כי הייתי ווועה ועיני מקור דמעה ואבכה יומם ולילה:

*זעקת שבר אגבר כי באו בנים עד משבר שבר על שבר נחרצה כלה[pp]:

---

a) *S. fügt hinzu* בה. b) *S.* כתי כמספר. c) *O.* שלכבוף. d) *Dem Sinne nach ergänzt, fehlt in allen Hds. Um den Zusammenhang herzustellen hat bereits Mecevitzer 1847 in der zu Amsterdam aufbewahrten Abschrift* כ״א *hinzugefügt.* e) *S.* יקדשו. f) *S. B.* איש. g) *Fehlt in S.* h) *S.* בני יחידיהם. i) *S.* אחד ישלם; *B.* שלים. k) *S. B.* נפש. l) *O.* יהבל. m) *S. fügt hinzu* הא׳ בשבת. n) *S.* להר סיני. o) *Fehlt in S.* p) *S.* איתן שהיו בחצר: *In B. fehlt* היו. q) *S.* בהראשונים: *B. fügt hinzu* אשר בביתיהם. r) *S.* ידם הוסיפו: *B.* ויוסיפו גם הם. s) *O.* (o. נפלה) ואם על בנים נפל. t) *O.* נשחט; *B.* בן נשחטו. u) *O.* הפריצים. v) *S.* להשלך. w) *S.* על קידוש השם באלו שני הימים. x) *Fehlt in B.* y) *S.* ושם היה. z) *S.* בשמו. aa) *O.* אותם. bb) *S.* הפלוהיהן; *B.* תרפיהם. cc) *S.* לשם. dd) *S.* מצאו: *B.* עשו גיפו. ee) *S.* חתיכות חתיכות. ff) *B.* כהן. gg) *O.* כתאונן. hh) *S.* יהי ינהי. ii) *S. B.* ואספדה. kk) *B.* כניסה. ll) *O.* הבהולה. mm) *O. S. B.* לבשו. nn) *S.* שודדה. oo) *B.* בראשיתיהם. pp) *Die ganze mit* זעקת *beginnende Zeile fehlt in B.*

רחצי והזכו לעימך במקבלי סיני נאמיך[a] קוראי ה[b] שמך[c] לקול המילה:

ברבים בכל[d] פלך קדשו אלהים המלך נתינים בהיכל מלך[e] בשמחה וגילה:

חזק וביהם תם[f] צדקתם יעמוד לשאריתם עד עולם סלה:

ויהי ביום השלישי שלישי *בחודש סיון[g] יום *קידוש ופרישה[h] לישראל[i] במתן תורה הופרשו[k] קהל מגנצא חסידי עליון בקדושה ובטהרה והוקדשו לעלות אל האלהים כולם יחד *קטנים וגדולים[l] כי היו נעימים בחייהם ובמותם לא נפרדו. כי[m] כולם היו בחצר הרגמון ויקומו עליהם האויבים ויהרגו בזדון טף ונשים ונער וזקן ביום אחד גוי עז פנים אשר לא ישא פנים לזקן ונער לא יחון על עוללים וינקים לא חמלו על מעוברות[n] מלאות ימים לא ירחמו עד לא הותירו שריד ופליט כי אם בכתובת[o] נער שנים ושלשה נערים כי כולם נתאוו[p] לקדש שם שמים[q] וגם בבוא האויב צעקו כולם *בקול גדול לב אחד ופה אחד[r] שמע ישראל וגו׳. וגם מקצת הזקנים והחסידים[s] נתעטפו בטליתות המצוייצות[t] וישבו להם בתוך החצר[u] של הרגמון מהר לעשות רצון יוצרם ולא רצו לברוח *החוצה להחיות חיי שעה[v] כי מאהבה קבלו עליהם דין שמים. וישליכו עליהם האויבים *חנית וחצים[w] ולא חששו[x] לנוס. וגם[y] הגרו נשים בעת מתגידם וישחטו בניהם ובנותיהם וגם עצמן וגם אנשים רוה[z] לבב[aa] אמצו[bb] כח וישחטו נשיהם ובניהם[cc] וטפם הרכה והענוגה שחטה ילד שעשועה. לזאת ובזאת תצילנה אזנים[dd] כי מי שמע כזאת ומי ראה[ee] *האם היו[ff] אלף עקידות[gg] ביום אחד על אחת הרעיש העולם אשר נעקדה בהר מור[hh] הן אראלים[ii] צעקו חוצה מלאכי[kk] שלום מר יבכיון ושמים לא קדרו וכוכבים לא[ll] אספו נגהם וצר ואור למה[mm] לא חשכו אשר היו אלף ושלש מאות נפשות קדושות נהרגים ביום אחד ימהם כמה עוללים ויונקים שלא חטאו ושלא פשעו ונפשות אביונים נקיים[nn] העל אלה תתאפק יי. וששים[oo] נפשות נצולו בו ביום בבית האוצר[pp] של ההגמון[qq] והוליכם הרגמון לכפרים שקורין רינקווא כדי להצילם *וגם לשם נקבצו[rr] האויבים עליהם והרגו[ss] כולם כי בעוונותינו ניתן רשות למשחית

---

a) O. עמכך. b) Fehlt in S. und B. c) O. בשמך. d) O. לכל. e) B. המלך. f) S. וגבר: B. וגבי: g) S. בסיון. h) S. פרישה. i) S. fügt hinzu והגבלה. k) O. היפ״ש. l) S. מקטנם ועד גדלם. m) Fehlt in S. und B. n) O. המעוברת. o) S. בכתובת. p) O. יתאוו. q) B. בוראם. r) S. B. לב אחד בקול גדול ופה אחד. s) O. החסידים: S. וחסדים. t) S. B. מציצות. u) S. חצר. v) S. מפני חיי שעה להחיות. w) S. חצים ואבנים; B. אבנים וחצים. x) O. fügt hinzu לדם. y) O. ושם. z) O. דוה; o. רום; B. מרי. aa) o. לב. bb) O. B. אמיצי. cc) O. fügt hinzu ובנותיהם. dd) S. שתי אזנים; B. fügt hinzu שמעות. ee) S. fügt hinzu כאלה. ff) Fehlt in S; B. היים. gg) S. fügt hinzu יותר. hh) O. המור. ii) S. ואראלים. kk) S. ומלאכי. ll) Fehlt in O. mm) Fehlt in S. nn) S. יקרים. oo) B. בו. pp) O. החצר. qq) O. ההגמין. rr) O. נקבצים. ss) S. אך שם השגה הרעה ונהרגו.

להבל ובכל מקום שברח שם יהודי כדי[a] להציל את נפשו לשם[b] האבן מקיר תזעק[c]. וגם ב׳ חסידים נתלו בו ביום כי ציחנום[d] בעל כרחם שם אחד מר אורי ושם השני מר יצחק ושתי בנותיו עמו. וגם הם קדשו השם מאוד[e] וקבלו עליהם מיתה משונה אשר לא כתובה בכל התוכחת כי בערב שבועות שהם מר יצחק ב״ר דוד הפרנס שתי בנותיו עמו והצית אש בביתו ומיד הלכו[f] הוא ומר אורי עמו לבית הכנסת לפני ארון הקודש וימותו שם לפני יי כי נשרפו שמה בלב שלם ועליהן ועל כיוצא בהן נאמר זובח תודה יכבדנני[g]: על חסידי מגנצא מספד בתנין אנחיצה:

אוי לי *על שברי נחלה[h] מכתי אמרתי אני. אהלי שודד וכל מיתרי[i] נותקו בניי יצאוני:

לבי לחללי מגנצא המסולאים בפז ושני. לבי עליהם דוי מבליגיתי עלי יגוני:

יושבי יעבץ תרעתים שמעתים סוכתים פסו בעוני. יודעי בינה לעתים דעת ובינה להביני:

על אלה אני בוכיה ירדו[k] מים עיני. על שבר בת עמי השברתי שבה[l] ההזקתני:

זקנים משער שבתו מקשיבים קול להשמיעני. ואת התורה מי יסלסלך הלא פסו הוגיך באוני:

רוי טעמך וקווצות תלתליך מי יבאר[m] לשננים[n]. ראש אשמורות לילה *פני קונך[o] קומי רני:

בנפש הוגי *אמריך פוגי[p] לך אל תהגי:
ריבה נפשי ריבה יי שפטה משפטי ודיני:
נקום נקמתי ונקמת *דם עבדיך[q] יי אדוני:
תמורתם אין חלפין הבטחתני[r] והודעתני:
נקיתי דמם לא נקיתי *ובציון משכוני[s]:

באמור[t] ונקתי דמם לא נקתי ויי שוכן בציון ונאמר דמם על צחיח הסלע לבלתי הכסות.

והשמועה[u] בא לקלוניא בה בחודש[v] *שהוא ערב[w] שבועות וחרדו לבם עד צאת הנפש ויברחו כל איש ואיש *אל בית[x] מכירו גוי ויהיו שם. למהרת כהיות הבוקר קמו האויבים וישברו הבתים וישללו שלל ויבוזו בו ויהרסו בית הכנסת[y] ויוציאו את ספרי התורות[z] ויתעוללו בהם *ויתנים למרמס[aa] חוצות ביום נתינתה[bb] אשר הרעישה הארץ ועמודיה[cc] יתפלצו

---

a) *Fehlt in S. und B.* b) S. לבלט על נפשי. c) S. *fügt hinzu* יקיף השמים הקיל ילך לבישרו לד כבקשי נפשי. d) S. יתחנם; B. יתחנים. e) O. אחד. f) B. הלך. g) B. יכבדני. h) S. עבדי; B. על עבדי. i) O. ידיעותי. k) O. יהדה. l) O. קדתי. m) O. יבחר. n) O. לשננם. o) *Fehlt in S.* p) O. פינה. q) O. חסידיך. r) S. B. השכנני. s) משכנני. t) S. כנאמ׳. u) S. והשכיע. v) O. לחדש. w) S. בערב. x) O. בבית. y) *Hds.* בה׳. z) S. תורות. aa) S. וירכסם במים. bb) S. נתנה לארץ. cc) B. העמידה.

*ועתה קרעוה שרפוה הרסוה זדים עושי הרשעה ובאו בה פריצים וחיללוה[a]. העל אלה לא תפקד[b] כם ועד אנה[c] תבים בוגדים ותחריש ראה יי והביטה כי הייתי זוללה. ובאותו היום שפכו דם חסיד אחד מר יצחק שמו אשר הוליכוהו לבית תרפותם[d] וירוק ירק בפניו וחירפם וגידפם והוא לא רצה לברוח מביתו כי היה שמח ומרוצה לקבל עליו דין שמים וגם חסידה אחת. והשאר נוצלו בבית מכרם אשר ברחו שם עד אשר הוליכם[e] ההגמון לכפרים שלו ביום עשירה לחודש להצילם וחלקם[f] ונתנם[g] בשבעה כרכים והיו שם עד חודש תמוז מצפים יום יום למות[h] והיו מתענים מדי יום יום. וגם שני ימים של ר"ח תמוז אירע באותה[i] שנה יום ב' ויום ג'[k] *והם התענים[l] רצופים וגם למחרתם[m]:

ובאותו היום באו האויבים המסומנים[n] וגם האחרים באו כמו כן לפי שהיה איד *יחדם[o] ונקבצו[p] לשם לכפר נושא וקדש מר שמואל בר' אשר את[q] השם לעיני השמש וגם שני בניו אשר[r] עמו. לאחר *שנהרג הוא ובניו[s] ההעוללו בהם *וגררם וירמסום[t] בטיט חוצות ויתלו את בניו על פתח ביתו כדי להתעולל בו. ועתה[u] יי עד מתי תאנף וגו' ועד מתי אלהים יחרף צר וגו'. ועל אלה אני בוכיה עיני יורדה מים:

ועוד קמו האויבים למחרתו והרגו חסידים שבכרך וויבלינקהובא[v] וגם קדשו את השם למאד מאד ר' לוי בר' שמואל ואשתו ובניו וכל בני ביתו ומרת רחל הזקינה אשת ר' שלמה[w] הכהן וכל החבורה שהביא עמו לשם אנשים ונשים וטף חתנים וכלות וזקנים וזקנות אשר שחטו עצמם ופשטו צואריהם להתיז[x] על קדוש השם[y] בתוך אגמי מים אשר סביבות בכרך. ושם היה חסיד אחד זקן ומלא ימים ורבינו שמואל בר[z] יחיאל שמו והיה לו בן יחיד בחור נאה ומראהו כלבנון וברח עם אביו לתוך המים ופשט צוארו לשחיטה לפני אביו בתוך המים ובירך אביו עליו[aa] על השחיטה והבן עונה אמן וכל העומדים סביבם[bb] ענו בקול רם שמע ישראל יי אלהינו יי אחד. ראו כל באי עולם כמה[cc] גדול כח הבן שבלי עקוד נשחט וכמה גדול כח האב שלא נכמרו רחמיו *על בחור נעים[dd] ויפה כמוהו ומי ישמע ולא יתמה[ee] נעקד ועקוד רעהם שוה כאחד[ff] להחנק עוללים ועל כיוצא בהן נאמר זובח תודה יכבדנני. אמנם מה עשה האב הזקן: והיה[gg] עמהם בחור אחד ירא שמים שמש הכנסת ומנחם שמו ואמר לו הזקן הנה מנחם העיבור קח

---

a) B. ועתה קרעום שרפום הרסים; S. ובאו בה פריצים וחללוה ויקרעוה הריסוה ושרפוה וחללוה. b) S. תבגוד. c) S. אנא. d) S. תפליתהן; B. תרפיתם. e) S. B. fügen hinzu שם. f) B. וסלקם. g) O. כתנם. h) S. למיתה. i) B. באותו. k) S. היום ביום ב' ג'; l) S. גם התענו; B. התענו. m) S. B. למחרתו. n) O. המסואבים. o) S. יחד. p) B. נתקבצו. q) Fehlt in O; B. אשר; r) Fehlt in S. s) S. הריגתם. t) S. גררוה' והכסו; B. וגררוה והכסוהו. u) B. ואתה. v) O. היא ... w) O. שמואל. x) S. fügt hinzu ראשם. y) Hds. שם; S. שם המיוחד. z) S. ב"רבי. aa) Fehlt in S. bb) O. סביביו; S. B. גם סביבם. cc) S. כי. dd) S. על בן יחיד בחור נחמד ונעים. ee) O. ידבק. ff) O. א"כ = כה אחד: fehlt in S. und B. gg) S. היה.

הרבי ושחוט אותי על בני החסיד. והבחור נתאמץ[a] ולקח החרב ושחט החסיד הזקן על בני ויפול גם הוא מר[b] מנחם על החרב וימת גם הוא שם. ככה קדשו אלו הצדיקים את שם יוצרם ורבים היו אשר ככה עשו וקדשו שם שמים לעין כל אבל עין ראתה והעידהו לבו[c] אוזן שמעה ותאשרהו. וגם מהם טבעו במים עצמם ולא נשאר מהם[d] כי אם שלשה גרגרים:

ובשלישי בחודש נהרגו חסידי כרך אילנרא[e] ולא נשארו מהם[f] כי אם מתי מעט וגם הם קדשו *את השם[g] למאד[h]. וגם חסיד אחד היה לשם ור' יצחק הלוי שמו ויסרוהו ביסורים קשים וציחנוהו בעל כרחו כי מן המכות אשר הוכה לא היה יודע עד מה וכשעמד על דעתו הזר בעוד שלשה ימים לקלונייא[i] והלך לביתו ושהה[k] שעה אחת[l] והלך לנהר רינוס וטבע עצמו בנהר ועליו ועל כיוצא בו[m] נאמר מבשן[n] אשיב ממצולות ים:

וברביעי בחודש[o] הוא היה[p] ערב שבת נוסדו האויבים יחד *על קדושי אילינדרא[q] *ליסרם ביסורים[r] עד יאותו לצחנתם. ונודע להם הדבר ויאספו כלם *אל חדר[s] אחד ויתוודו[t] לפני בוראם ויתנדבו החסידים לשחוט את כלם כי שם היו באותו כרך *כנגד ג'[u] מאות נפשות. ואלה שמות החסידים אשר נדבו לשחוט ר' גרשם ומר יהודה[v] בר' אברהם ואחיו מר יוסף ור' יהודה הלוי[w] בן רבינו שמואל ור' פטר ויחזיקו בחרבותם ויסגרו הדלתות בעדם[x] וישחטו את כלם ואח"כ שחט ר' פטר את ארבעתם ויעל גם היא על מגדל אחד[y] ויפיל[z] את עצמו לארץ[aa] וימת[bb] לפני יי: מכל הנפשות הללו[cc] לא נשארו כי אם שני בחורים ושני תינוקות וגם הם היו שחוטים[dd] בגרגרת והיו:

ויגע הדבר באותו היום עצמו אל חסידי[ee] ונטא אשר קמו עליהם בשעה שקידש היום והרגום. ומקצת[ff] החסידים[gg] היו שם אשר קדשו היום[hh] בשעה *שהיו הורגים בהם[ii] כי כאשר יגיל *איש מוצא[kk] שלל[ll] כן היו ששים ושמחים[mm] לעבוד[nn] אלהינו ולקדש שמו וקדשו גם הם[oo] בעקידות. וגם חסיד אחד היה לשם ורבי[pp] מצרפת שמו ואמר לכל כך עושים במקומינו. חפר חפירה ובירך על השחיטה ושחט עצמו וימת לפני יי והבל

---

a) *S.* התאמץ. b) *Fehlt in B.* c) *Fehlt in O.* d) *O.* כהם. e) *S. und B. hier* אילנדרא: *O. hier* אולנדרא. f) *Fehlt in S.* g) *B.* השם. h) *S.* מאד. i) *So.* k) *S. fügt hinzu* שם. l) *Fehlt in B.; O.* שעה א' ושהה. m) *B.* בהן. n) *Fehlt in B.* o) לחדש. p) *Fehlt in S.* q) *Fehlt in S.* r) *B.* ליסרין בייסורין: *S. fügt hinzu* קדשם, *mit folgendem, von derselben Hand herübergeschriebenen* קהל אילנדרא. s) *B.* אל חדר: *S.* לחדר. t) *S. B.* ויתודו. u) *S.* בשלש: *B.* ג'. v) *Hier und weiter S.* יהודא; *B.* ידא. w) *Fehlt in S.* x) *O.* בעדב. y) *O.* אחת. z) *S. B.* ויפל. aa) *Fehlt in B.* bb) *S. B.* ימית. cc) *S.* האלו. dd) *B.* שחטים. ee) *S.* קדושי. ff) *O.* ומקצתן. gg) *S.* חסידים. hh) *S.* ביום. ii) *S.* אשר קדשו נהרגו. kk) *S.* איש כמוצאית; *B.* כמוצא. ll) *S. fügt hinzu* רב. mm) *O.* ושמחים. nn) *S.* לעבודת. oo) *Fehlt in S. und B.* pp) *In S. stehen nach* רבי *für den ausgelassenen Namen drei Punkte.*

ענו שמע ישראל וגו׳ בקול רם[a] ולא נותר מהם איש זולתי אשר מצאו מגוידים[b] בבקר בין המתים וכולם נתנו לקבורה:

ובשבעה[c] בתמוז קמו האויבים על עם[d] עני ומדוכא שבבירך מירא[e] וצרו על העיר עם רב כחול אשר על שפת הים ובא שר העיר ויצא לחוץ כנגדם וביקש מהם להמתין *על השדה חוץ לעיר[f] עד אור[g] הבוקר. וכה דבר להם אולי שאסית[h] היהודים וישמעו אלי לעשות רצוני וייטב הדבר בעיניהם והזרו להם חשרים לעיר אל היהודים. *ולא נתייאש שר העיר מיד וצוה לקראתם[i] ולהביאם לפניו וכה אמר להם שמעוני היהודים החלה נדרתי לכם לחסות אתכם אצלי ולהגין עליכם *עד שיהא[k] שום יהודי חי[l] בעולם והנאי זה התניתי לכם וכך עשיתי וקיימתי ומעכשיו איני *יכול לעשות ולהציל[m] אתכם מכל האומות הללו וראו מה אתם רוצים לעשות ידוע תדעו אם לא תעשו כך וכך העיר תהרס ומוטב לי למסור אתכם בידם[n] עד שלא יבואו עלי במצור להרס המבצר[o]. וענו[p] כולם *למקטן ועד גדול[q] הנה אנחנו מזומנים אנו לפשוט צווארינו למות ביראת בוראינו וביחוד שמו. וכאשר ראה השר[r] שלא יוכלו[s] להסיתם מיד יעץ בעצה אחרת והסכים בדעתם להוליכם חוץ לשדה העיר מקום שהיו חונים שם חתועים[t] וכשהפשום הניחום לשם[u] ובאו להם לעיר. בחרבות מלאות דם בהמה והיה להראות להם הנה הרגונום. וכל זאת עשו כדי להטיל *עליהם פחד[v] כדי לעשות רצונם *שיטנפום ויצחנום[w] במי צחנתם וכל זאת לא שוה ולא הועיל להם כי אמרו איננו חפצים ביראתכם וכדבר הזה ענו כולם פה אחד. וכאשר ראו שלא הועיל *להם מה שעשו[x] החזירום לעיר והפשיטום ונתנום במשמר כל אחד ואחד לבד עד למחר כדי[y] שלא ישלחו יד בעצמם לפי *ששמעו ששלחו יד בעצמם האחרים[z]. ושם היו שתי[aa] חסידות מרת גיינטיל[bb] ומרת רבקה האחת נהפכו עליה ציריה חבלי יולדה וילדה בן זכר והאחרת הפסה מרוב פחד ואחזה קדחת והיו שתיהן חולות לשם. גם נערה אחת יפה עד מאד[cc] היתה[dd] שם[ee] עמהן[ff]. ויהי כאשר ראו כי קמו עליהן האויבים שחטו אותה[gg] הנערה היפה *בת עשר שנים היתה[hh] וגם[ii] תפסו בנער רך[kk] הנולד באותו שבוע וכרכוהו[ll] בעריסתו כי נכמרו רחמיהן אליו

---

a) S. בקול רם שמע ישראל יי אלהינו יי אחד. b) B. מגויידי׳. c) O. ובשבעה mit folgendem, durch drei Ueberpunkte getilgtem עשר: o. ובששה עשר. d) Fehlt in S. e) S. B. ורדא. f) Aus S.: O. B. להם חוץ לשדה העיר. g) Fehlt in S. h) S. B. אסית. i) S. ושר העיר שלח לקרותם. k) S. כל זמן שיהיה. l) S. בארץ חי. m) So in o.; O. לעשות mit Tilgungsstrichen versehen: S. B. איכול להציל. n) Fehlt in S. und B. o) S. B. במבצרים. p) S. או ענו: B. ענו. q) S. מקטנם ועד גדולם. r) Fehlt in S. und B. s) O. היה יכול. t) S. הכסיכנים בשתי ערב. u) S. fügt herübergeschrieben hinzu מקצת. v) S. פחד עליהם. w) O. שיטנפו ויצחנו: S. שינצחנום. x) S. זה. y) Fehlt in S. u. B. z) S. שמעו כמעשה אשר הקהלות. aa) S. שני. bb) o. und B. יענטיל; S. ייענטיל. cc) S. למאוד. In o. fehlt עד. dd) O. B. והיתה. ee) Fehlt in S. ff) S. fügt hinzu בת עשר שנים. gg) Fehlt in S. hh) Fehlt hier in S. ii) S. B. ובאשר. kk) S. הרך. ll) S. כרכוהו.

והפילוהו מן המגדל אשר הן בתוכו. וכשראו האויבים שעשו כן באו בעצה עלידם[a]. למחר תפסום בעל כרחם וגררום[b] אל התועים והרגו מקצתם ואותם שהיו ציתנום[c] בעל כרחם שלא בטובתם ועשו בהם כרצונם. ושם הזה[d] חסיד אחד מר שמריה שמו והבטיחו באותו לילה גיבור ועבדו[e] של הנאמן סבירו להוליכו עמו ולהצילו ע"י ממון שנתן לו והוליכם[f] בעיר אותו ואשתו *וג' בניו[g] עד ט"ו באב *והוליכן ומעבבן[h] לכאן ולכאן בנע ונד להצום עד ששלח[i] אחר ממון לבניו לשפירא ושגרו לו בניו זקוק של זהב ובשתפום הממון מיד מסרם והוליכם ליד האויבים לכפר טרמוניא[k]. וכשבא לשם שמחו עליו שמחה גדולה יושבי הכפר כי[l] הכירו אותו ויאוהו להן להמתק[m] עד למחר[n] ולעשות כל רצונם ומיד עשו משתה[o] מרוב שמחה והן אכלו עמהן בבשרות ובטהרה ובסכין חדש כי אמרו בעוד שאנו ביראתינו אנו רוצים לעשות כאשר היינו נוהגים עד עתה ולמחר נהיה לעם אחד ושימו אותנו[p] בחדר אחד *עד למחר[q] כי *עייפים אנחנו[r] ויגיעים מטורח הדרך כן עשו. ויקם[s] בעוד לילה חיות מתגיו ושחט אשתו ובניו וגם *עצמו ישחט[t] ונתעלף[u] רוחו ולא מת. ולמחר[v] היו סבורים לבא אל נכון בבקר[w] *כמו שנדר[x] להן ומצאוהו האויבים כך ואמרו לו אע"פי שעשית מעשים אשר לא יעשו אם תרצה לחזור לטעותנו[y] תנצל ואם לאו נגזר עליך מיתה משונה ונקביר אותך חי עם אותן אשר המתה[z]. והשיב להן חס ושלום לכפור באלהים חיים בשביל *מת פגר מובס[aa]. וכרו הקבר והלך הוא[bb] בעצמו *אל תוך[cc] הקבר והשכיב בניו בשמאלו ואשתו בימינו חרקו העפר עליו והיו שואלים לו בכל שעה ושעה חוזר בך עדיין ולא שמע אליהם להאמין לטומאתם[dd] ובדבר הזה עשו פעמים הרבה שהיו מגלים אותו לראות אם יחזור אם לאו[ee] ולא שמע אליהן. ובאחרונה השליכו[ff] העפר עליו[gg] בכעס ולא השגיחו לצעקתו[hh] וקולו היה נשמע כל היום ההוא והלעיגו ממנו העל אלה תתאפק יי. הנה עברו עלינו כל התוכחות כתוב ולא כתוב ונפשינו נבהלה עד מאד ואתה יי עד מתי תאנף בנו תמשוך בני אפך לדור ודור:

ובכפר כרפנא עשו ביהודים שבו[ii] *כל רצונם[kk] וציתנום[ll] במי צחנתם ויתעוללו בהם. העל אלה תתאפק יי. וגם דבר זה עשו בכרך גילרא[mm]. היהודים היו לבז ולמשיסה ואין מציל מידם. ועל אלה אני בוכיה עיני עיני

---

a) S. אלידם. b) S. וגרדו. c) O. B. ויתגום; S. ויחנים. d) S. fügt hinzu זקן. e) S. R. עבדו; O. טבל. f) o. והוליכו. g) S. R. ובניו. h) S. יהיה מוליכן ומעבבן; B. והיו מוליכן ומעבבן. i) O. ששלחו. k) o. טרמינייא; S. טרמינא; B. טרבניא. l) Fehlt in S. und B. m) S. fügt hinzu להן. n) O. fügt hinzu לו. o) Fehlt in allen Hds. p) B. אותם. q) Fehlt in S. r) B. אנו עייפים. s) S. fügt hinzu מר שמריה. t) S. שחט את עצמו. u) O. B. ונתעלפה; B. ונתעלפו. v) Fehlt in B.; S. והתועים. w) O. B. הבקר; fehlt in S. x) S. כאשר נדר. y) S. לאמונתינו. z) o. כתו. aa) o. טמאתכם. bb) S. ר' שמריה. cc) S. B. בתוך. dd) S. B. בנצר נתעב. ee) Fehlt in S. ff) O. fügt hinzu עליו. gg) S. B. אלידם. hh) S. B. בצעקתו. ii) S. שם. kk) S. B. כרצונם. ll) S. ציחנו. mm) R. גילדא.

יורדה מים. ושני אילנירא[a] הם שהרגו בו קדושי ישראל האחד כפר אילנירא בצד יולבא[b] והאחר כך אילנירא באשר הוא שם:

בח׳ באייר נהרגו קדושים שבאשפירא[c]. בכ״ד בו נהרגו קצת מן הקהל שבווירמיישא[d]. ובר״ח סיון לא השאירו בהם[e] שריד. ובג׳ בסיון נהרגו קהל הקודש שבמגנצא. ובמדינות קולוניא *התחילו בהם להרוג ולטנף מיום עצ״ה[f] עד ח׳ בתמוז. ובשנת תתנו אירע הגזירה:

על חסידי קלוניא תלבנה בנות ישראל לקונן[g] ולמספד[h] רב וקינה. על קהלה קדושה ועונה חשובה וכל מעשיה באמונה עליה מספד איום[i] אבל כבנות יענה כי מי *זה יעצור[k] במילין על קהל הקדושה נקיה כבה[l] ישנה. מעשיהם ישרו בעיני שוכן מעונה בעלי מצות ובעלי צדקה לאין קצב והשבונה. להם[m] קראו איבר[n] לאבל מספד ליודעי[o] קינה וקננו בירהיבורת ובשוקים[p] אנה ואנה. כי מסורה נפשה ואוחזה ביראת קונה ודמהי[q] נמצא קדוש ביון הבא משניר וחרמונה וקדשו[r] שם הקדוש[s] שוכן מעונה. לשמע זאת כסוס[t] עגור אצפצף ואהמה כיונה ודמם[u] מלא גויות ברונו יב בלא הנינה[v]. על קהל הקודש שבקולוניא במספד מר קולי ארים שמסרו עצמם על קדוש השם אניק[w] ואתגודד בכל ערים ואלבש שק ואפר ואשתה מר מי מרים ואלכה נא וארד[x] *לקונן על ההרים[y]. *וכל הנשארים יספדו וידאגו בכל לב[z] על קהלה קדושה יקננו לדור דורים ולנו[aa] תהא הריגתם לסליחה וכיפורים. אשור הייא ונהי נהיה על חסידי קלוניא:

אשא נהי בכי והי על שבר שהיה:
לי מה יקרו[bb] מעי חמרמרו על רעיך יה:
יעם זהב ספיר מוזהב שונה[cc] וחשך מראיה:
עורבי מלחמה שעריה ביד רמה מגדלי תושיה:
זאבים טרפים אבלום הדפום נתנים[dd] לשאיה[ee]:
רפסו שאירה בפצע וחבורה ומכה טריה:
ברמעות כלו עיני *נזלו דמע ובביה[ff]:
רפהה רוחי ואריד בשיחי ואהמה בנהיה:
בנפשות פרחיו *עוללי טפוחיו[gg] הנעקדו לראייה:
ירי נשים רחמניות עקדום בבכיות בעקרת מוריה:

a) *S. B. hier und weiter* אילנדרא. b) *o.* ?אלבא: *S. B.* אילם. c) *S. B.* שפירא.
d) *O.* שבבריסה; *S.* בוורמיישא. e) *S.* בי; *B.* בם. f) *S.* התחיל בעצ״ה להרוג ולטנף.
g) *S.* בקונן; *B.* נקונן. h) *S. B.* במספד. i) *O.* איחם; *B.* אים. k) *S.* יוכל לעציר.
l) *S.* כבן. m) *S. B.* על בן. n) *S.* איבד. o) *B.* יודעי. p) *S. B.* ובשווקים. q) *B.* יבבה.
r) *S.* וקדש. s) *B.* קדוש. t) *S. B.* רסיס. u) *B.* ידחם ידן. v) *S.* הנינא.
w) *O.* תאנין; *S. B.* אבנך. x) *B.* וידדת. y) *S.* אל ההרים לקונן. z) *S.* והנשארי׳ כדאגת לב יספדו בספידים. aa) *B.* ילו. bb) *In B. folgt noch* רעי. cc) *O.* ושכבנה; *S.* שונה. dd) *S. B.* ניתנים. ee) *O.* לשנאיהם; *B.* לשאיה. ff) *S. B.* נזל וידבע יבביה.
gg) *O.* אללי נשחי.

נפשות נקיים פרשו לחיים אל מקומה בעליה:
תמיד נצחום[a] מן נצחם על מלבוש פורפריא:
נצחם עירך פורם דריך בורועך הנטויה:

כאמור ואבוס עמים באפי וגו' ואומר פורה דרכתי וגו'.

ובאשר עשו האויבים באלו הקהלות כך עשו בקהלות אחרות בעיר טריברש[b] ובמיץ[c] וגם ברינשבורק[d] ובפראגא כולם קדשו את השם הקדוש[e] באהבה ובחבה[f] והשלימו[g] עבודתם עדי ערב. והכל היה בזמן אחד מחדש אייר עד חדש[h] תמוז אשר נתקדשו ונטהרו לעלות אל האלהים. המה היוצרים יושבי נטעים עם המלך במלאכתו יושבים אשר נתנו נפשם עליו והוא ישיב להם כפעלם וכמעשה ידיהם ימציאם[i]. נפשותם צרורות בצרור החיים בתוך היכל המלך[k] מלובשים כל אחד מהם שמונה בגדים של[l] ענני כבוד ומוכתר כל אחד ואחד בשני כתרים אחד של אבנים טובות ומרגליות ואחד של זהב פרויים ושמונה בידו ומקלסין אותו ואומרים לך אבול בשמחה לחמך[m] והכל מפורש במדרש[n] מה רב טובך אשר צפנת ליראיך. זכותם יעמוד לנו[o] עד עולם[p] סלה לקרב ומן הגאולה בעגלא ובזמן קריב אכי"ר[q]:

---

a) O. צווחם. b) S. נורינברש; B. נוריברש. c) S. B. ובוינץ. d) S. B. ברעגנשבורק. e) Fehlt in S und B. f) Fehlt in S. und B. g) O. והשלכו. h) S. כח' אייר עד ח': B. בחדש סיון עד חדש. i) S. ישלם לאיש חסיד כמעשהו ויאכילם מפרי מעלליהם וגמול ידם ישיב להם. k) S. מלך מלכי של עלם. l) Fehlt in S. m) S. וגו'. n) Fehlt in S. o) S. לבני עבדיך. p) S. fügt hinzu ועד אמן. q) S. הגאולה בזמן קריב ובעגלה וכו'.

III.

Bericht des Mainzer Anonymus.

אתחיל מעשה הגזירות הישנות[a] השם ישמרינו וכל ישראל[b] מיד גזירות:

ויהי בשנת אלף ועשרים ושמונה שנה לחורבן הבית היתה הרעה הזאת בישראל אשר קמו[c] תחילה השרים והפחות ועם הארץ אשר בארץ צרפת ויועצו ויזמו לעלות ולהגביה כנשר ולהלחם ולפנות דרך ללכת דרך ירושלים עיר הקודש ולבא אל קבר הצלוב פגר מובס אשר לא יועיל ולא יציל כי תיהו הוא ויאמרו איש אל רעיהו הנה אנחנו הולכים בארץ רחוקה הולכנו להלחם עם מלכי ארץ ונפשינו בכפינו להרוג ולשבר[d] כל המלכיות אשר אינם מאמינים בתלוי אף כי היהודים אשר הרגו ותלו אותו. והיו מלוים עלינו מכל צד[e] ומכל פינה ונתייעצו ואמרו לשוב לתורתם התועבה או להשמידם מעולל ועד יונק. וישימו סימן רעה על בגדיהם שתי וערב השרים וגם עמי הארץ וכובעים על ראשם. ובעת אשר שמעו הקהילות אשר בארץ צרפת אחזום[f] רתת[g] וחיל ורעדה אומנות אבותם כתבו כתבים ושלחו שלוחים לכל הקהילות אשר סביב נהר רינוס לצום ולישב בתענית ולבקש רחמים עליהם מאת שוכן מרום למלטם מידם. וכשהגיע הכתב לקדושים אשר בארץ המה אנשי השם סודי[h] עולם אשר במגנצא וכתבו להשיב[i] לארץ צרפת וכן כתוב בהן גזרו כל הקהילות צום עשינו את שלנו המקום יצלינו ויציל אתכם מכל צרה וצוקה עליכם אני יריאים יראה גדולה אבל אנו אין לנו כל כך לירוא אפי׳ בשמיעה[k] האיך לא שמענו ולא היינו שומעין שנגזרה גזירה ונגעה עלינו חרב עד הנפש:

וכאשר התחילו התועים לבוא בארץ הזאת היו מבקשין מעות לקנות לחם ונתננו להם וחשבנו בעצמינו עבדו[l] את מלך בבל וחיו וכל זה לא הועיל לנו כי

---

a) *Hds.* הישנים. b) *Hds. stets abgekürzt* ישר׳. c) *Hds.* קמי. d) *Hds.* ולשעבד. e) *Hds.* צר. f) *Hds.* אחזן. g) *Hds.* רשת. h) *Hds.* סדו. i) *Hds.* להש׳ *am Schlusse der Zeile.* k) *Hds.* בשמיעת. l) *Hds.* עברו.

עיינותינו גרמו לנו כי העירונים[a] שבכל עיר שבאו שם התועים התגרו[b] בנו כי גם ידם הייתה עמהם להכריית גפן ושורש בכל הדרך עד ירושלים. ויהי כאשר באו התועים גדוד אחר גדוד[c] כחיל סנחריב ויאמרו מקצת השרים אשר במלכות זה על מה אנחנו יושבים כך נלך גם אנו עמהם כי כל איש אשר ילך בדרך זה ויפנה הדרך[d] לעלות לקבר טמאות לצלוב יהיה מתוקן ומזומן להופתה. ויאספו התועים והם מכל פלך[e] ופלך עד שיהיו לרוב כחול הים וגם השרים ועם הארץ. ויעבירו קול וברנקי[f] וכל איש אשר יהרוג יהודי אחד ימחלו לו כל עוונות. וגם פחה אחד היה ושמו דיטמר אמר שלא ילך ממלכות זה לעולם עד שיהרוג יהודי אחד או ילך לדרכו. ויהי כאשר שמע קהל הקדיש במגנצא ויגזרו צום ויצעקו אל יי בחוקה וישימו לילה ויום בצום ולהתענות וגם קנית[g] אמרו שהר ונשף קטנים וגדולים ובכל זאת לא שב אלהינו מחרון אפו מעלינו[h] כי התועים בסימניהם באים והגלידם[i] לפני בתינו ובשראו[k] אחד[l] ממנו רצו אחריו[m] ויקדיהו[n] ברומח עד שהיינו יראים לפסוע אפי' על איסקופתינו:

ויהי ביום ח' בחדש אייר[o] ביום שבת התחיל מידת הדין לבוא עלינו שקמו התועים והעירונים תחילה אל אנשי קודש חסידי[p] עליון בשפירא ויתייעצו עליהם לתופשם יחד בבית הכנסת. והוגד[q] להם וקמו להם בבוקר ביום השבת ויתפללו במהרה ויצאו מבית הכנסת. ויהי כאשר ראו שלא נתקיימה עצתם לתופשם יחד ויקומו עליהם ויהרגו מהם י"א נפשות כי משם התחילה הגזירה לקיים מה שנ' וממקדשי תחלו. ויהי כשמוע ההגמון יחן ויבוא[r] בחיל גדול ויעוזרו[s] הקהל בכל לב והכניסם בחדרים ויצילם מידם ויקח מקצת העירונים ויקצץ את ידם כי חסיד היה באומות ועשה המקום גילגול של זכות והצילו[t] על ידו. ועמד שם בפרץ ר' משה הפרנס בר' יקותיאל ונתן נפשו עליהם על ידו שבו כל האנוסים שנשארו הנה והנה במלכות היינריך ועל ידי המלך הבריח יוחן ההגמון שארית הקהל שבשפירא אל[u] עדי בצירות שלו ויפן יי עליהם למען שמו הגדול והחביאם[v] ההגמון עד עברו אויבי השם ויהיו שם בצום ובבי במספד[w] וקצו בחייהם מאד כי בכל יום ויום קבצו עליהם התועים והאוכית אימבין שחוק עצמות ועם[x] הארץ לתופשם ולהשמיד אותם. על ידי ר' משה הפרנס הצילם ההגמון יחן כי יי מלא לבו להחיותם בלא שוחד כי מאת יי הייתה להת לנו[y] שם שארית ופליטה על ידו:

ויהי כאשר באה השמועה רע לגרמיזא שנהרגו מקצת הקהל שבשפירא ויצעקו אל יי ויבכו בכי גדול ומר כי ראו כי גזירה[z] גזירה מן השמים ואין מקום לנו לא לפנים ולא לאחור ויחלקו הקהל לשתי כיתות מקצתם ברחו אצל

a) *Das erste Jod ist zwischen* ע *und* ר *herübergeschrieben.* b) *Hds.* התגרים. c) *Hds.* גדוד אחד גדוד. d) *In der Hds. herübergeschrieben.* e) *Vorher geht gestrichen* פלג ופלג. f) *So.* g) *Hds.* ענית. h) *So.* i) *Hds.* והגלדם. k) *Hds.* ובשבאו: *der untere Horizontalstrich des* ב *ist stark verblasst.* l) *Hds.* אחד. m) *Folgt noch einmal* ורצו. n) *Hds.* ודקרו. o) *Hds.* אדר. p) *Hds.* חסידי. q) *Hds.* והוגד. r) *Hds.* ויבאו. s) *Hds.* ויעזור. t) *Hds.* והצילה. u) *Hds.* על. v) *Hds.* והחביאם. w) *Das* ב *ist zwischen* ו *und* מ *herübergeschrieben.* x) *Hds.* עצמיה עם. y) *Hds.* לנו להת; *über* לנו *ist* ב, *über* להת *ist* א *gesetzt. Durch diese Ziffern 1 und 2 ist die Umstellung angedeutet.* z) *Hds.* נגזרה.

הרגמון בטירותיו ומקצתם נשארו בבתיהם[a] כי העירונים הבטיחום על דברי שוא ותרמית כי[b] קנים רצוצים הם להרע ולא להטיב כי ידם הייתה עם התועים להכרית לנו שם ופליטה ואמרו לנו תנחומי הבל לשוא אל תיראו מהם כי כל איש אשר יהרוג אחד מכם והיה נפשו תחת נפשכם. ולא נתנו להם מקום לברוח אנה ואנה כי כל ממונם הפקידו הקהל בידם[c] על כן מסרו אותם:

ויהי ביום עשר באייר ביום ראשון העריםו סוד[d] עליהם. ויקח פגר מובס שלהם שהיה נקבר קודם לכן שלשים יום וישאו אותו בתוך העיר ויאמרו[e] ראו מה עשו היהודים בעמיתינו לקחו גוי אחד ושלקוהו במים ושפכו המים בבורות שלנו כדי להמיתינו. ויהי כאשר שמעו התועים והעירונים ויצעקו ויאספו כל חוגר ושולף מגדולם ועד קטנם ויאמרו הנה הגיע העת והעונה עתה[f] לנקום נקמת המסותר[g] בעץ אשר הרגוהו אבותיהם עתה אל ימלט מהם שריד ופליט אפי' עולל ויונק שבעריסה. ויבאו ויכו אותם הנשארים בבתיהם בחורים נאים ובתולות נאות ונעמות חקינים כולם פשטו צווארם[h] וגם משוחררים עבדים ושפחות נהרגו עמהם על קידוש השם נורא ונשגב העולמים ומושל במעלה ובמטה הוא היה ויהי יי צבאות שמו והוא מוכתר בנימוסי בע"ב שמות וברא את התורה ט' מאות וע"ד דורות עד שלא נברא העולם וכ"ו דורות משנברא עד משה אב לנביאים ועל ידו נתן התורה הקדושה ובא משה וכתב בה את יי האמירך היום וכו'. עליו ועל תורתו נהרגו כשורים ונמשכו בשווקים וברחובות ונמשכו כצאן[i] לטבחה ושכבו ערומים והפשיטו אותם[k] הניחום ערומים. ויהי כאשר ראו הנשארים אחיהם ערומים ובנות ישראל הצנועות ערומות אז שמעו להם באונס גדול כי אמרו להם התועים שלא לעזוב מהן שריד ופליט. ויש מהם שאמרו נעשה רצונם לפי שעה ונלך ונקבר את אחינו ונציל את בנינו מידם כי תפשו הילדים אשר נשארו מתי מעט לאמר אולי יהיו אילו מקויימות בטעותם אך הם לא סרו מאחרי בוראם ולא נטה לבם אחרי הצלוב ודבקו באלהי מרום. וגם שארית הקהל אשר נשארו בחדרי הרגמון שגרו בגדים להלביש את ההרוגים על ידי אותן שהתצלו[l] כי גומלי חסדים היו שם וראשי הקהל נשארו שם ורוב הקהל נצלו פעם ראשונה ושלחו לאנוסים דברי[m] ניחומים[n] אל תיראו ואל השימו על לב את אשר עשיתם שאם יצילני הק"בה מכף אויבינו או נהיה עמכם למות ולחיים אך לא תסורו מאחרי יי[o]:

ויהי בכ"ה באייר ויאמרו התועים והעירונים הנה אילו אשר נשארו בחצר הרגמון ובחדריו גם בהם נעשה נקמה ויתקבצו מכל הכפרים אשר סביבותיהם והתועים והעירונים עמהם ויצורו עליהם וילחמו עמם ויהי שם מלחמה גדולה עד מאד אילו כנגד אילו עד אשר תפשו החדרים אשר היו שם בני ברית קודש. ויהי בראותם המלחמה פנים ואחריו[p] הגזירה מלך מלכי המלכים אז הצדיקו

---

a) *Hds.* בביתהם. *Vorher geht gestrichen* בביתך. b) *Hds.* וכי. c) *Hds.* עלבידם. d) *Hds.* סוד. e) *Hds.* ויאמרו. f) *Hds.* עתה. g) *Hds.* הכסיתוד. h) *Das zweite Waw ist oben herübergeschrieben.* i) *Hds.* ולצאן. k) *Hds.* אירצו. l) *Hds.* ההתצלו. m) *In der Hds. noch einmal wiederholt.* n) *Vorher geht gestrichen* הנחיבין. o) *Hds.* כיי. p) *Hds.* ואחוד.

עליהם את הדין ובטחו ביוצרם וזבחו זבחי צדק ויקחו את בניהם וישחטו אותם על ייחוד השם הנכבד והנורא בלב שלם כי שם נהרגו חשובי[a] הקהל. ויהי שם בחור אחד ושמו ר׳ משולם בר׳ יצחק ויקרא בקול גדול לכל העומדים שם ולסרת[b] צפורה תומתו שמעו אלי גדולים וקטנים בן זה נתן לי אלהים ילדה אותו צפורה אשתי לעת זקנתה ושמו יצחק עתה אעלהו כאשר עשה אברהם אבינו את יצחק בנו. ותען לו צפורה אדני אדני המתן מעט עדיין אל תשלח ידך אל הנער אשר[c] גדלתי וריביתי והולדתי לעת זקנתי שחט אותי תחילה ואל אראה במות הילד. ויען ויאמר לא אעכב אפי׳ רגע מי שנתנו לנו הוא יקחהו לחלקו וירשיבו בחיקו של אברהם אבינו ויעקד את יצחק בנו ויקח בידו את המאכלת לשחוט בנו וברך ברכת[d] שחיטה ויען הנער אמן וישחוט את הנער ויקח אשתו הצרחת[e] ויצאו יחד שניהם מן החדרה[f] ויהרגום התועים. העל אלה[g] תתאפק יי ובכל זאת לא שב חרון[h] אפו הגדול מעלינו. ויהי שם בחור אחד ושמו יצחק בן דניאל וישאלוהו לאמר רוצה אתה להמיר אלהותך בעצב נבזה ויאמר חלילה לכפור אותו בו אבטח או אשלים לו את נפשי ויתנו חבל בציארו[i] וימשכו אותו בכל העיר בטיט החוצות[k] עד בית תרפותם. עדיין הייתה צרורת הנפש בחלדו[l] ויאמרו לו עדיין תוכל להנצל רוצה אתה להמיר וירמוז איתקי[m] באצבעו כי לא היה יכול להוציא דבר מפיו כי כבר נחנק לאמר התכו את ראשי[n] ויכרתו את צוארו[o]. ועוד היה שם בחור אחד ושמו ר׳ שמחה הכהן בן מור׳ יצחק הכהן ויבקשו ממנו לטנפו במים סרוחים שלהן ויאמרו לו ראה כבר נהרגו כולם ושוכבים ערומים ויען להם הבחור בחכמתו אמלא כל חפצכם אך תוליכוני עמכם להגמון. ויקחו אותו ויוליכוהו[p] בחדר ההגמון ובן אחיו של הגמון היה שם עמהם והתחילו לקרותו בשם נצר ונתעב וינחהו בחדר ההגמון ויוציא הבחור את סכינו ויחרוק בשיניו על השר קרוב של ההגמון כאשר עושה הוגה האריה על טרפו וידין עליו ויתקע בבטנו הסכין ויפול וימת ויפן משם ויתקע עוד שנים עד שנשבר הסכין בידו וינוסו כולם הנה והנה ויהי כאשר ראו כי נשבר הסכין ויעלו עליו ויהרגוהו. שם נהרג הבחור שקידש[q] השם ועשה מה שלא עשו שאר הקהל שהרג ג ערילים בסכינו. והשאר מסרו נפשם והענו בכל יום וקידם לבני[r] היו בוכים איש על בני ביתו ועל רעהו עד אשר השש בחם כי לא יוכלו להלחם כנגדם אבל אמרו גזירת[s] מלך היא נפלה נא ביד יי ונבא ונראה באור הגדול שם נפלו כולם על ייחוד השם. וגם אשה חשובה הייתה שם ושמה מרת מינא טמונה בבית אחד תחת הקרקע מחוץ לעיר ויתקבצו עליה כל אנשי העיר ויאמרו אליה הנה נא אשת חיל

---

a) *Hds.* חשיבו. b) *Hds.* ולס׳. c) *Hds.* כנשר. d) *Hds.* ברכה. e) *Hds.* הצרחת: *doch ist am ersten* ה *der untere linke Ansatz leicht radirt, um ein* ח *herzustellen.* f) *Hds.* החרדה. g) *Hds.* יאלה. h) *Hds.* בחרין. i) *Hds.* בציא׳ *am Ende der Zeile.* k) *Hds.* יחוצות. l) *Hds.* בחלדי. m) *Hds.* איתי. n) *Hds.* ראשו. o) *Hier in der Hds. mit kleinem Wav.* p) *Hds.* ויליבוהו. q) *Hds.* שקידש. r) *In der Hds. hat das Nun einen leichten Ansatz zum* ך. s) *Hds.* וגזירה.

אתה[a] ודעי וראי כי כבר אין אלהים חפץ להצילכם כי שובבים ערומים בראש כל חוצות ואין מקבר מפני עצמך ויפלו לפניה ארצה שלא רצו להורגה כי שמה הולכת[b] עד למרחוק כי אצלה היו מצויין כל גדולי עירה ושרי הארץ. והען ותאמר חלילה לי לכפור באלהי מרום[c] עליו ועל תורתו הקדושה תהרגוני ואל תאחרו יותר.[d] שם נהרגה המהוללת בשערים וכולם נהרגו וקידשו את השם בלב שלם ובנפש חפיצה ושחטו זה את זה כולם באחד בחורים ובתולות וזקנים וזקינות ובן לעוללים שחטו את עצמן על קידוש השם. אלה אשר נקבו בשמות עשו כן והשארית שלא נקבו בשמות על אחת כמה וכמה עשו[e] ועשו שלא ראה אותם יש[f] אדם עליהם ועל יוצא בהם נאמר ממתים ידך יי ממתים מחלד[g] חלקם עין לא ראתה אלהים זולתך יעשה למחכה לו. ויפלו כולם על יד יי וישם למנוחתם אל מאור הגדול בגן עדן והנה נפשותם צרורה בצרור החיים את יי אלהים שבראם עד עת קץ:

ויהי כאשר שמעו אנשי קודש חסידי עליון קהילה הקדושה אשר במגנצא אשר נהרגו מקצת הקהל משפירא וקהל גרמייזא פעם שנית או רפתה רוחם ונמס לבם ויהי למים. ויצעקו אל יי ויאמרו אהה יי אלהי ישראל אתה עושה כלה את שארית ישראל איה כל נפלאותיך אשר ספרו לנו אבותינו לאמר הלא ממצרים העליתנו[h] יי ועתה נתשתנו[i] לתת אותנו ביד האומות להשמידינו. ויתקבצו כל נשיאי ישראל מתוך העדה ויבואו אל ההגמון ולשריו ולעבדיו ויאמרו להם מה נעשה על השמועה ששמענו מאחינו שבשפירא ובגרמייזא שנהרגו. ויאמרו אליהם שמעו לעצתינו והביאו כל הממון שלכם אל אוצרותינו ואל אוצר ההגמון ואתם נשיכם ובניכם וכל אשר לכם תכניסו בחצר ההגמון ואז תוכלו להנצל מיד התועים. והם עשו ונתנו[k] עיצה זו כדי למוסרינו ולאוספינו ולאחוז אותנו כדגים שנאחזים במצודה רעה. וגם ההגמון קיבץ את שריו ועבדיו שרים גדולים חורי הארץ וקצנים[l] כדי לעזרינו ולהצילינו מן התועים כי תחילה היה רצונו להצילינו ולבסוף החמיץ:

ויהי היום ותבא גויה ותביא עמה אווזא[m] אחת אשר גידלה משהיה אפרוח ויהי האווזא הולך בכל מקום שהנכריה הולכת והיא אומרת לכל עובר ושב ראו שהאווזא הבין מה שאמרתי לילך להתעות ורוצה לילך עמי. אז נתקבצו התועים והעירונים עלינו ויאמרו אלינו איפה ההבטחה[n] שלכם איך תוכלו להנצל ראו כי אילו האותות[o] עושה להם הצליב. ויבואו כולם בחרבות וברמחים להשמידינו ויבואו קצת מהעירונים ולא הניחום. באותה שעה עמדו בלב אחד והרגו סביבי[p] לנהר רינים עד[q] שהרגו אחד מן התועים ויאמרו כל אלה עשו היהודים וכמעט

---

a) *Fehlt in der Hds.* b) *Hds.* הולכית. c) *Hds.* מקום. d) *In der Hds. folgt noch* ואל כלים. e) *Folgt gestrichen* שלא. f) *Undeutlich in der Hds.* g) *Hds.* וזולך. h) *Hds.* העלנו. i) *Hds.* נתשתה. k) *Hds.* תתנה. l) *Hds.* וקצצים. m) *So.* n) *Aus der entsprechenden Stelle der Londoner Hds.; unsere Hds.* שהבחה. o) *Aus der Londoner Hds.; unsere Hds.* האוכות. p) *Hds.* לסביב. q) *Hds.* על; *das obige aus der Londoner Hds.*

אבפו כולם. וכאשר ראו אנשי הקודש כל אילו וימס לבבם וידברו אתם קשות להגולל ולהתנפל עלינו. וכששמעו את דבריהם ויאמרו מגדולם ועד קטנם כי יקר מיתינו[a] ביד יי שלא נמות ביד אויבי יי לפי שהוא אל רחמן מלך יחיד בעולמו. ויניחו בתיהם שוממין ולבית הכנסת לא באו אלא ביום השבת היא שבת האחרון סמוך לגזירתינו שנכנסו שם מתי מעט להתפלל ר׳ יהודה ב״ר יצחק נכנס לשם להתפלל באותו שבת ובכו בכי גדול עד יציאת הנפש כי ראו כי גזירת מלך מלכי המלכים היה. ויהי שם תלמיד וותיק ר׳ ברוך ב״ר יצחק ויאמר אלינו דעו כי באמת וביושר גזרה עלינו גזירה ואין אנו יכולין להנצל כי הלילה שמענו[b] אני והחני יהודה הנפשות שהיו מתפללין הנה בקול גדול כמו בכי וכאשר שמענו הקול היינו סבורים שמא מחצר הרגמון באו וישבו קצת מן הקהל להתפלל בבית הכנסת בחצי הלילה מתוך צרה ומרירות לב רצנו[c] אל פתח בית הכנסת והיה סגור הקול שמענו אבל לא הבננו[d] כלום ושבנו[e] מפוחדים אל הבית כי הבית סמוך לבית הכנסת. ויהי כאשר שמענו בדברים האילו ונפלנו[f] על פנינו ואמרנו אהה ייי[g] האלהים האתה עושה שארית ישראל כלה. וילכו ויגידו קורותם לאחיהם שבחצר הפחה ובחצר הרגמון ויבכו גם הם בכי גדול:

ויהי בראש[h] חודש סיון ויבא אִימְקָא הרשע ישתחקו עצמותיו בריהים של ברזל בחיל כבד מחוץ לעיר עם התועים ועם הארץ כי גם הוא אמר רצוני לילך לתעות והוא היה ראש לכל צוררינו על זקן ועל בחור ועל בתולה ועל עולל ועל יונק והולה לא חסה עינו וישם את עם יי בעפר לרוב בחוריהם הרג בחרב הריותיהם בקע ויחנו מחוץ לעיר[i] שני ימים. ויאמרו ראשי הקהל נשגר לו ממון ונתבינו בידו כדי שיכבדוהו הקהילות בדרך אולי יעשה יי בחסדו הגדול כי קידם לבן פחדו ממונם להת להגמון ולפחה ולשריו ולעבדיו ולעירונים כנגד ארבע מאות הצאים כדי לעוזרם ולא הועיל להם מאומה כסדום ועמורה לא היינו כי לדם נתבקשו[k] עד עשרה כדי להצילם ולנו לא נתבקש לא עשרים ולא עשרה:

ויהי ביום ג׳[l] בירח סיון באותו יום שאמר משה והיו נכונים לשלושת ימים באותו יום נפלה עטרת ישראל אז נפלו לומדי[m] התורה ובטלו האשכולות נפלה כבוד התורה השליך משמים ארץ ותפארת ישראל ופסקו יריאי[n] חטא[o] ענויה אז בטלו אנשי מעשה וזיו[p] החכמה וטהרה ומשביתי[q] גזירות רעות ועם של יצרים ונמעטו נותני צדקה בסתר והוי האמת נעדרת ובטלו הדרשנים ונפלו נשואי פנים ורבו עזי פנים ואוה לאותן כי מיום שחרב בית המקדש שיני לא קמו כמיתם ואחריהם[r] לא יהיה כן כי קידשו את השם בכל לבבם ובכל נפשם

---

a) *Hds.* וכי: *Hds.* כביתנו. b) *Aus der Londoner Hds.; fehlt in unserer Hds.* c) *Hds.* רצונו. d) *Hds.* הבבנו. e) *In der Hds. befindet sich über dem* ב *noch ein* ב. f) *Hds.* ונפלו. g) *Von hier ab schreibt die Hds. den Gottesnamen stets mit drei Jod.* h) *Hds.* באשר. i) *Hds.* לעפר. k) *Vorher geht durch vier schräge Ueberstriche getilgt* נש. l) *Hds.* בג׳ ימים. m) *Hds.* ללמדי. n) *Hds.* יראה. o) *Hds.* חם. p) *Hds.* חזק. q) *Hds.* ובשבית. r) *Hds.* ואחריכן.

ובכל מאודם אשרידם. ויהי בחצי היום ויבא אימכא הרשע שחוק עצמות הוא וכל חילו ויפתחו לו העירונים השער ויאמרו איבי יי איש אל רעיהו ראו כי נפתח השער מעצמו כל זאת עושה לנו הצלוב כדי לנקום את דמו מיד היהודים. ויבואו בדגליהם[a] אל השער התגמון אשר *היו שם[b] בני ברית קודש חיל גדול כחול אשר על שפת הים וכאשר ראו קדושי יריאי עליון המון הרב בטחו ודבקי בבוראם ואז לבשו השיריונים[c] וחגרו כלי מלחמתם *גדולים וקטנים[d] ור קלונימוס בר משלם בראשם. ושם היה איש חסיד מגדולי הדור רבינו מנחם בן רבנא ר דוד הלוי ויאמר כל העדה קדשו את השם הנכבד והנורא בלב שלם וענו כולם[e] כולכם עשו[f] כמו שעשו[g] בני יעקב אבינו כשביקש לגלות[h] להם הקץ כשנישתלק ממנו השכינה[i] שמא *יש בי[k] פסול באבידם. אבי אבא או כיצחק אבי ובאבותינו בענו ואמרו כשקיבלו את התורה בזמן הזה בהר סיני נעשה ונשמע ויקרא בקול גדול שמע ישראל יי אלהינו יי אחד[l]. ויקרבו כולם אל השער להלחם עם התועים ועם העירונים וילחמו אילו כנגד אילו אל תוך השער וגרמו העוונות ונצחום האויבים ולכדו השער וגם אנשי התגמון אשר הבטיחום לעוזרם[m] הם נסו תחילה כדי להסגירם ביד האויבים כי קנים[n] רצוצים המה. ויבואו האויבים בתוך החצר וימצאו ר' יצחק בר משה מכת חרב והרג ואבדן לבד נ"ג נפשות אשר ברחו עם ר קלונימוס דרך חדרי התגמון ויצאו אל חדר אריך שקורין אותו שינגיר[o] והיו שם. והאויבים נכנסו בתוך החצר בג' בסיון ביום ג בשבוע יום חושך ואפילה יום ענן וערפל יגאלוהו[p] חושך וצלמות ואל ידרשהו[q] אלוה ממעל ואל תופע עליו נהרה שמש וירח למה לא חשכתם את אורכם וכוכבים שנמשלו ישראל בהם וי"ב מזלות *במספר שבטי[r] ישראל בני יעקב איך לא תתעלמו אור שלכם מלהגיה[s] לאייבים[t] שחשבו[u] למחות שם ישראל. שאלו נא וראו ההיתה עקידה[v] כואת מרובית מימות אדם הראשון. כשראו בני ברית קודש כי נגזרה גזירה ונצחים האויבים וצעקו כולם בחורים וזקינים בתולות ובחורות וילדים ועבדים ושפחות ובכו הם עלידם ועל חייהם ואמרו נסבול עול יראת הקדושה כי לפי שעה יהרגו אותנו האויבים מיתה קלה *שבמיתית ארבעה בחרב[w] ונהייה[x] חיים וקיימים נפשותינו בגן עדן באיספקלריא[y] מאור הגדול לעולמי עד. ואמרו כולם כלב טוב ובנפש חפיצה סוף אין להרהר אחר מידותיו של הק"בה וברוך[z] שמו שנתן תורתו לנו וציוה להמית[aa] ולהרוג איתנו על ייחוד שמו הקדוש אשרינו אם נעשה רצונו ואשרי מי שנהרג ונשחט ושימות על ייחוד שמו לא דיי לו שיזכה לבא

---

a) Hds. בגלידם. b) Hds. הישם. c) Hds. 'השד. d) Hds. גדולם וקטנם. e) So. f) Hds. עשה. g) Hds. שעשה. h) Hds. לעשית לגלית. i) Hds. שבינה. k) Hds. ישבי. l) So. m) Hds. לעוהם. n) Hds. קנים. o) So. p) Hds. יגדלוהי. q) Hds. ידרשוהי. r) Hds. בשבטי במספר: zur Aenderung der Stellung befindet sich über בשבטי ein ב, über במספר ein א. s) Hds. כלהכח. t) Hds. לאיבים. u) Hds. שחשבי. v) Hds. עקידה. w) Hds. שבמיתה ארבע היא החרב. x) Hds. ינחידה. y) Hds. באים ספקלריא. Das zweite Wort ist vom Copisten in zwei Hälften geschrieben. Am Ende der einen Zeile steht 'ספק, am Anfange der anderen לריא (so). z) Hds. ברוך. aa) In der Hds. folgt noch כי.

לעולם הבא וישב במחיצתו של צדיקים יסודי עולם אלא שמחליף עולם[a] החשך בעולם של אור ועולם של צרה בעולם של שמחה ועולם עובר בעולם קיים לעד ולנצח. צעקו בקול גדול כולם כאחד סוף אין לנו לעכב כי האויבים באו עלינו במהרה נעשה ונקריב עצמינו לפני אבינו שבשמים כל מי שיש לו מאכלת יבא וישחוט אותנו על קידוש שם המיוחד חי העולמים ואחר כך ידקור[b] עצמו בחרבו בגרונו או בבטנו או ישחוט את עצמו. ויעמדו כולם איש ואשה וישחטו זה לזה והבתולות וכלות והחתנים הביטו בעד החלונים[c] וצעקו בקול גדול ואמרו הביטה[d] וראה אלהינו מה אנו עושים על קידוש שמך הגדול בלי להמיר אלהותך בתלוי נצלב נצר נסחב ונתעב ומשוקץ סדורו ממזר ובן הנידה[e] ובן הזימה. נשחטו כולם והלכו דם השחיטה על פני החדרים אשר היו שם בני ברית קודש והיו שוכבים שורות שורות שחוטות יונק עם איש שיבה *ומבר נשים[f] בגרונם כאשר עושין הצאן הנשחטים. העל אלה תתאפק יי וגו׳ ותינקם דם עבדיך השפוך. ראו[g] ההייתה זאת מעולם כי היו היחקים[h] זה את זה איש את רעהו לאמר אני אקדש החילה שמו של מלך מלכי המלכים וגם היו[i] הנשים הטהורות מורקית[k] הממון לחוץ כדי לעכבם מעט עד אשר ישחטו ילדיהן[l] וגם ידי נשים רחמניות היו הונקות[m] את בניהן כדי לעשות רצון קונם והיו עונות[n] פני ילדיהן רכים לגוים:

ויהי כאשר באו האויבים אל החדרים ושיברו הדלתות ומצאום מפרפרים ומתגוללין עדיין בדם ויקחו את ממונם ויפשיטום ערומים ויכו הנותרים ולא השאירו שריד ופליט. וכן עשו לכל החדרים אשר היו שם בני ישראל בריח קודש[o] רק חדר אחד אשר היה חזק וילחמו עליה האויבים עד הערב. ויהי כאשר ראו הקדושים[p] כי חזקו מהם האויבים ויקומו אנשים ונשים וישחטו הילדים ואחר כך שחטו זה את זה ויש אשר נפל על חרבו וימת ויש אשר שחט בחרבו או בסכינו והנשים צדקניות היו משליכות את האבנים דרך החלונות והאויבים כנגדם לסקלם באבנים והיו מקבלות כל האבנים עד שנעשה כל בשרם ופניהם חתיכות חתיכות והיו מחרפות ומגדפות אה התועים בשם התלוי המחולל והמשיקץ בנו[q] ונונים על מי אתם בוטחים על פגר מובס ויגשו התועים לשבור הדלת. ושם הייתה אשה חשובה מרת[r] רחל הבחורה בת ר׳ יצחק ב״ר אשר ותאמר אל חביריתה ארבע ילדים לי גם עליהם אל תהוסו[s] פן יבואו הערילים הללו ויתפשום חיים ויהיו מקויימים בטעותם גם בהם תקדשו שם הקודש. ותבא אחת מחברותיה[t] והיקח את[u] המאכלת ויהי כאשר ראתה המאכלת ותצעק צעקה גדולה ומרה והייתה מבת[v] אה פניה וציעק ואומרת איה חסדך יי. ותקח את יצחק בנה הקטן והוא היה נעים מאד

---

a) *Hds.* בעלם. b) *Hds.* ידקד. c) *Vorher geht in der Hds. gestrichen die richtige Form* החלונות. d) *Vorher geht in der Hds. gestrichen* ראה. e) *In der Hds. über* נ *ein* צ. f) *So.* g) *Hds.* יראו. h) *Hds.* החוקים. i) *Hds.* שהיו. k) *Hds.* מורקים. l) *Hds.* הילדיהן. m) *Hds.* הינקות. n) *So.* o) *So.* p) *In der Hds. geht am Ende der Zeile noch vorher* הדר. q) *Hds.* בני. r) *Hds.* מ׳. s) *Hds.* התוסו. t) *Hds.* מחביריתה. u) *Hds.* א׳. v) *So.*

ותשחט אותו והייתה פורסת בתי ידים שלה בין שני אחים ואמרה לחבירתה חייבי[a] אל תשחטי יצחק לפני אהרן. והנער אהרן כשראה כי נשחט אחיו והיה צועק אמי אמי אל תשחטני והלך לו ונחבא[b] תחת תיבה אחת ותקח את שתי בנותיה בילא ומדרונא[c] חבתה אותם ליי אלהי צבאות אשר ציונו בלי להמיר יראתו הטהורה ולהיות תמימים עמו. וכאשר[d] השלימה הצדקת שלשה בניה[e] לזבוח לפני בוראינו[f] אז הרימה קולה וקראה לבנה אהרן אהרן איפוא[g] אתה גם עליך לא אחוס ולא ארחם ותמשכהו ברגלו מתחת התיבה אשר נחבא שם ותזבחהו[h] לפני אל רם ונישא והשימם בשתי בתי ידים ב׳ מיכן וב׳ מיכן אצל מעיה והיו מפרפרים אצלה עד אשר תפשו התועים את החדר וימצאוה יושבת ומקוננת[i] עליהם. ויאמרו לה הראה[k] לנו את הממון שיש בבתי ידים שלך[l] ויהי כאשר ראו הילדים שחוטים ויכוה ויהרגוה[m] עליהם ועליה נאמר אם על בנים רוטשה והיא מתה עליהם כאשר[n] מתה אותה צדקת על שבעה בניה ועליה נאמר אם הבנים שמחה. והרגו התועים כל אותן שבחדר ופשיטום ערומים ועדיין היו מתגוללין ומפרכסים בדמם[o] והיו מפשיטים אותם. ראה יי והביטה כי הייתי זוללה. ואחר כך [p]השליכום מתוך החדרים[p] בעד החלונים ערומים הרי הרים תלי תלים עד שהיו כהר גביה. ורבים מבני ברית קודש כשהיו נורקים היה בהם חיות עוד ורומזים באצבעותיהם[q] הגו לנו מים ונשתה. כשהיו רואים התועים כן היו שואלים להם רצונכם לטנף עצמיכם והיו מנענים[r] בראשם ומסתכלים לאביהם שבשמים לאמר לא ומראים באצבעותיהם[s] להקב״ה והרגום התועים. כל אלה [t]עשו אשר[t] נקבו בשמות ושאר כל קהל על אחת כמה וכמה יחדו את שם הקודש ויפלו ביד יי כולם. אז התחילו התועים לחלל בשם התלוי:

וירימו את דיגלם ויבואו אל שאירית הקהל אל׳ חצר הפחה הוא בירקבי֫בא ויצירו גם עליהם וילחמו כם ויתפשו את מבוא שער החצר ויכו גם הם. ויהי שם איש אחד ושמו מר משה בר׳ חלבו ויקרא אל בניו ויאמר להם בניי חלבו ושמעון בזו השעה גיהנם פתוח וגן עדן פתוח באיזה מהם רצונכם ליכנס ויענו אליו ויאמרו ליכינו[u] בגן עדן ויפשיטו צוארם ויכום האויבים אב[v] על בנים. וגם ספר תורה הייתה שם בחדר ויבאו התועים בתוך החדר וימצאוה ויקרעיה קרעים. ויהי[w] כאשר ראו הקדושות והטהורות בנות מלכים[x] כי נקרעה[y] התורה[z] ותקראנה[aa] בקול לבעליהן ראו ראו התורה הקדושה האויבים קורעין אותה. ואמרו כולם האנשים והנשים ביחד אי תורה

---

a) So. b) Hds. נחבא. c) Hds. מדרונא. In der Hds. folgt noch כי לא ומירי נא. d) Hds. וכאשה. e) Hds. בני. f) בו דאינן. g) So. h) Hds. והזבחיהו. i) In der Hds. folgt das Wort noch einmal wiederholt. k) Hds. הרי. l) Hds. שליך. m) Hds. ויהרגני. n) Hds. כאשה. o) Hds. כהם. p) Hds. כתוך החדרים והשליכם. q) Hds. באצביעתיהם. r) Das zweite נ ist in der Vorl. herübergeschrieben. s) Buchstabe ע ist in der Vorl. über הו nachträglich hinzugefügt. t) Hds. אשר עשו. u) So. v) Hds. אם. w) Hds. כה. x) Hds. כליכם. y) Hds. נקרע. z) Hds. התו׳. aa) ויתקראו.

הקדושה כלילת יופי מחמד עינינו כשהיינו משתחוים לה בבית הכנסת ונשקנו לה וכבדנו אותה איך עתה נפלה ביד הערילים הטמאים. ויהי כאשר שמעו האנשים את דברי הקדושות ויקנאו קנאה גדולה ליי אלהינו ולתורה הקדושה החמודה. ויקרא שם בחור ושמו ר׳ דוד בן רבנא מנחם ויאמר אליהם אחיי קרעו בגדיכם על כבוד התורה ויקרעו בגדיהם בציוה[a] מורינו וימצאו תועה בחדר אחד ויקומו כולם האנשים והנשים ויסקלוהו באבנים ויפול וימות. ויהי כאשר ראו העירונים והתועים כי מת וילחמו בם ויעלו על הגג אשר שם בני ברית בבית וישברו את הגג ויורום בחיצים וידקרום[b] ברמחים. ויהי איש אחד ושמו מר יעקב ב״ר סולם והוא לא היה ממשפחת יקרים ואמו לא הייתה מישראל ויקרא בקול לכל הנצבים עליו כל ימיי[c] חיי עד עכשיו מבזים אותי עתה אשחוט את עצמי וישחוט את עצמו בשם אשר נקרא אדיר אדירירון הוא שמו יי צבאות. ועוד היה שם איש אחד ושמו מר שמואל הזקן ב״ר מרדכי גם הוא קידש השם ויקח סכינו ויתקעהו בבטנו וישפוך את מעיו ארצה ויקרא לכל הנצבים עליו ויאמר להם ראו אחיי אשר אעשה על קידוש חי העולמים. שם נפל הזקן על ייחוד השם וקידש יראתו:

ויפנו משם התועים והעירונים ויבאו אל תוך העיר אל חצר אחד ושם היה נחבא מר דוד הגבאי ב״ר נתנאל הוא ואשתו ובניו וכל בני ביתו בחצר גלח אחד[d] ויאמר לו הגלח ראה כי לא נשאר בחצר הרגמון ובחצר הפחה שריד ופליט כולם הרוגים ומושלכים ורמוסים[e] ברחובות לבד מעט אשר טינפום עשה אתה כמו כן או תוכל להנצל אתה וממונך וכל בני ביתך מיד התועים. ויען האיש ירא יי הנה[f] לך לך אל התועים ואל העירונים ואמור להם שיבואו אלי כולם. ויהי כשמוע הגלח את דברי מר דוד הגבאי וישמח מאד על דבריו כי אמר כבר נתרצה יהודי חשוב כזה לשמוע בקולינו וירץ לקראתם ויגד להם את דברי הצדיק וישמחו גם הם מאד ויתאספו סביב לבית לאלפים ולרבבות. ויהי כראות הצדיק[g] אותם ובטח ביוצרו ויקרא אליהם ויאמר אי בני זנונים אתם אשר נולד בזנות[h] אתם מאמינים אבל אני מאמין באל[i] חי לעד הדר בשמי מרום בו בטחתי עד היום הזה עד יציאת נפשי יום אתם הורגים אותי נשמתי בגן עדן תהא מונחת באור חיים ואתם יורדים לבאר שחת לדיראון עולם בגיהנם נידונין עם אלוה׳ שלכם שהוא בן הזימה וצלוב. ויהי כאשר שמעו את החסיד[k] ויחר להם מאד וירימו את רגליהם[l] ויחנו סביב לבית ויתחילו לקרות ולזעוק בשם התלוי ויעלו אליו ויהרגו אותו ואת אשתו הצדקת ובניו וחתנו וכל בני ביתו[m] ושפחתו כולם נהרגו שם על קרושת השם. שם נפל הצדיק ואנשי ביתו:

---

a) Hds. בציוו. b) Hds. ידקרום. c) Hds. ימי. d) Hds. אחר. e) Hds. ורמושים. f) Hds. הני. g) Hds. הצדק. h) Hds. בוני. i) *In der Hds. geht noch vorher ein* א, *das rechts und unten von einer Kreislinie umgeben und in Folge eines links oben befindlichen Ansatzes wahrscheinlich* אל *zu lesen ist.* k) *Zwischen* ח *und* ס *befindet sich in der Hds. ein punktirter Kreis.* l) Hds. רגלידם. m) *In der Hds. folgt noch* וכשפחתו.

ויפנו ויבואו אל בית ר׳ שמואל ב׳ר׳ נעמן גם הוא קידש השם הקדוש. ויתקבצו סביבות ביתו כי הוא נשאר מכל הקהל בביתו וישאלו לו[a] ויבקשו לטנפו במים סרוחים וטמאים והשליך בטחונו על בוראו הוא וכל אשר[b] עמו ולא שמעו אליהם ויהרגו כולם וישליכו כולם מן החלונים:

כל אלה עשו אותם אשר פירשנו בשם ושאר הקהל ונשיאי העדה מה עשו ופעלו[c] לייחוד שמו של מלך מלכי המלכים הק׳בה ׳וב׳רוך שמו[d] כר׳ עקיבא וחביריו[e] איני יודע כמה. השם[f] יצילינו מגלות הזה: סליק[g] גזירות הישנות[h].

---

a) In der Hds. folgt noch לאבר. *b) Fehlt in der Hds., ergänzt aus dem Londoner Texte* *c) Hds.* ופעולו. *d) Hds.* בש. *e) Hds.* חסר בכאן. *Von hier ab befinden sich in der Hds. über allem noch folgenden Worten Schlangenlinien. Ein gleiches ist auch beim Anfange dieses Berichtes (S. 47, Zeile 1 und 2) der Fall.* *f) Hds.* הש *mit Schlangenlinie.* *g) In der Hds. über* ס *und* ק *je eine Schlangenlinie, ausserdem unter* ק *ein Sch'wa.* *h) Hier so. Vgl. den Anfang des Berichtes.*

IV.

Bericht des Ephraim bar Jacob.

אחוך שמע לי[a] ואספרה ענין הגזרה. אכתוב[b] ספר ובירה[c] פקודת פקידת הגזרה[d] רעה וצרה שהוקרה יתר פלטה[e] הנשארה מגזרה הראשונה[f] המרה. ברוך ה׳ נאמרה יען קיימנו לזוכרה ברחמיו ינקמנו במהרה משופכי דמינו לעוברה ויבנה בית הבחירה בציון העירה. תכתב זאת לדור אחרון לתת תהלה ורון לאל אדירון[g]. כי[h] בא שטן אשדודה[i] לשדד ישראל ויהודה[k] נסעו מקהלות ויחנו בחרדה היא שנת ד״א תת״קו[l] צרים באו[m] לישראל הציקו כי הדלף[n] בליעל ורדף ·לישראל במעל[o] כומר לע״ז קם על עם ה׳ להשמיד להרוג ולאבד כהמן הרשע[p]. ויצא מארץ צרפת וילך בכל ארץ אשכנז הי״א[q] להור ולציין ולהעב בשתי וערב את הנוצרים וילך הלוך וניבח[r] ויקרא לו[s] נובח בשם הנוצרי ללכת ירושלים[t] להלחם על ישמעאל. ·ואל כל[u] המקום אשר בא שמה דבר רע[v] על כל[w] היהודים ·בכל הארץ[x] ·ושיסה בנו את הנחש ואת הכלבים לאמר נקמו נא את נקמת הצלוב משונאיו העומדים לפניכם ואח״כ תלכו להלחם על ישמעאלים[y]. ונשמע ונמס[z] לבבינו ולא קמה עוד רוח בנו מפני חמת המציק אשר כונן להשחית. ונצעק אל אלהינו[aa] ונאמר ·אהה ה׳[bb] אלהים הן עתה לא עברו חמשים וי׳ שנה בשנת[cc] היובל אשר נשפך דמינו על[dd] ייחוד שמך הנכבד ביום הרג רב. הלעולמים[ee]

---

a) *O. fügt hinzu* וזה חזוני. b) *o.* ואכתוב. c) *O.* הכירה. d) *S.* בלתי מהורה. e) *S. B.* הפלטה. f) *S.* ראשונה. g) *O.* ראשון ואחרון. h) *O. B.* בשנת. i) *S. B.* לאשדודה. k) *S. B.* יודא. l) *O. B.* יתת״קו. m) *S. B.* בה. n) *O.* רודולף. o) *S.* בישראל כעל. p) *S. fügt hinzu* בלי עון ופשע לא חס ולא חשע. q) = השם ישמרהו אמן. *In S. ohne Ueberstriche.* r) *B.* לניבח. s) *B.* לה. t) *O.* ירושליםה. u) *S.* ולכל. v) *O.* רצח; *B.* רשעת. w) *Fehlt in S.* x) *Fehlt in S.*; *B.* אשר בארץ. y) *S.* באומר לכו תקח נקמה מאת היהודים לפני׳ הצלובים הצלוב ואחרי כן תלכו להלחם בישמעאל; *B.* הישמעאלים. z) *O.* וימס את; *O.* ימס. aa) *S.* ה׳ אלדינו. bb) *S.* ״ אהה. cc) *O.* בשנה. dd) *S. fügt hinzu* קדוש. ee) *S. B.* העל עולמים.

תונח ה׳ המשוך אפך לדור ודור פעמים לא תקום צרה. וישמע ה׳ את נאקתינו[a] ויפן אלינו וירחמנו כרוב רחמיו[b] וחסדיו וישלח אחרי זה הבליעל כומר אחד[c] הגון גדול ורב לכל הכומרים יודע דתם ומבין ושמו בירנט האבי מקלירבליש העיר אשר בצרפת וינבח גם הוא במשפטם וכה אמר להם טוב לכם שתלכו על הישמעאלים אך כל *הנוגע ביהודי לקחת נפשו[d] כנוגע בישו עצמו ורודולף[e] תלמידי אשר דבר עליהם[f] להשמידם לא דבר נכונה כי כתוב עליהם *בספר תהלים[g] אל תהרגם פן ישכחו עמי. וכל העם[h] מחזיקים את[i] הכומר הזה בקדושים[k] שלהם גם לא חקרנו שיהיה לוקח שוחד על דברו טוב על ישראל. וכשמעם[l] כן חדלו הרבה מלהתנבל[m] להמיתנו. גם הוננו[n] נתננו כופר לנפשותינו בחמלת ה׳ עלינו לתת לנו שארית בארץ ולהחיותנו כל אשר שאלו ממנו כסף וזהב לא אצלנו מהם. ולולי רחמי יוצרנו[o] אשר שלח *זה האבר[p] ואגרותיו[q] האחרונות לא נשתייר[r] מישראל שריד ופליט ברוך פודה ומציל ברוך[s] שמו:

ויהי בחדש אלול *בעת ההיא אשר בא[t] רודולף[u] הכומר ירדפהו[v] אל והרדפהו[w] לקלוניא והנה ר׳ שמעון החסיד אשר[x] מעיר טריבריש שב מאנגלטרא[y] אשר עמד שם כמה ימים ויבא לקלונייא[z] ומקלונייא נכנס אל הספינה[aa] לשוב *לעירו לטריבריש[bb]. ובצאתו[cc] מן[dd] העיר ויפגעו בו אנשים רקים אשר נתעבו בצחוק[ee] המשוקץ ויפצרו בו לטנף את עצמו ולכפור באלהים חיים ויבאן[ff] ויחזק במעוזו[gg] לאהבה[hh] אלהיו ולדבקה בו. ויבא גוי עז פנים ויכרתו[ii] את ראשו מבטנו ויתנדהו[kk] אל הגת[ll] ואת גופתו הנקיה השליכו. והיהודים אשר בעיר כשמעם ויתעצבו ויצא לבם ויחרדו ויאמרו הן באו ימי הפקודה יצא הקצף החל הנגף[mm] מלאו ימינו כי בא קצנו אמרנו נגזרנו לנו. וגם[nn] בכו העם הרבה בכי[oo] על נפש היקרה *אשר נאבדה[pp] *ונגזרה[qq] מארץ החיים[rr] מפשע עמי. וילכו מנהיגי הקהל וידברו באוני עירוני העיר להשיב לנו ראשו וגויתו[ss] של הצדיק ובן עשו והשיבום[tt] ע״י שוחד ונקבר[uu] הצדיק בקברו ישראל נבת״ויא[vv]. גם יהודית אחת מרת מינא מאשפירא[ww]

---

a) S. צעקתינו. b) B. חסדיו ורחמיו. c) Fehlt in S. und B. d) S. הידע לקיית נפשו ביהודי. e) S. והדלף; B. וידאלף. f) Fehlt in S. g) Fehlt in O.; S. בספר תהלם. h) O. העמים. i) Fehlt in S. k) O. הקדישים; S. בקדשים. l) S. וכששמעם; B. וכששמעו. m) S. B. כלנבל. n) S. הננו. o) S. י״י. p) S. הא״בר הנ״ל. q) S. B. ואגריית. r) S. B. ניתר. s) Fehlt in S. und B. t) o. בבא; in O. fehlt ההיא. u) S. ידלף. v) S. ירדפוהו. w) O. S. B. ורדפהו. x) Fehlt in S. y) S באנגלטריא; B. באנגליטרא. z) S. B. לקילוניא. aa) S. B. לספינה. bb) B. לעיר טריבריש. cc) S. B. בצאתו. dd) Fehlt in S. und B. ee) O. B. בציון; S. בצאן. ff) O. ויכחר. gg) S. B. בבעמדו. hh) o. לאהבת. ii) o. יכריה. kk) S. ויתנהו. ll) O. סינה; S. סנת; B. סנה. mm) O. הנגע. nn) S. גם. oo) O. B. בכה. pp) S. שנאבדה. qq) Vds. ונגזר. Bereits Meyerdeer und Wiener verbessern ונגזרה. rr) Fehlt in O. ss) O. ואת גויתו. tt) S. השיבם. uu) S. יקבר. vv) = נפשו בטוב תלין וזרעו יירש ארץ: fehlt in S. und B. ww) S. כאשפירא.

יצאה[a] מן העיר ותפסוה וקצצו אזניה וכהונות ידיה וסבלה[b] על קדושת[c] בוראה. אשרי העם שככה לו אשרי העם שה׳ אלהיו:

ויהי בעת ההיא וירד יהודה[d] וישראל *עד מדרגה[e] התחתונה[f] ופירעק חוכם הקריב. וישאו בני[g] ישראל את[h] עיניהם ויראו[i] והנה מצירים טועים[k] המתועבים נוסעים מכל עבר ורודפים אחריהם להורגם וייראו מאד וישאו עיניהם אל[l] ההרים ואל המבצרים[m] ויבקשו איש מאת מכרו גוי כל *מי שהיה[n] לו מגדל או מצודה לקבלו[o] אצלו לבא בנקרת הצורים[p] ולהתחבא[q] עד יעבר זעם. ויהי אחרי חג[r] הסכות בשנת ד״א תת״קו[s] יצאו[t] איש מעירו ויפנו אל המבצרים. ורוב קהל קלונייא[u] נתנו להגמון *של קולונייא[v] הון רב[w] למסור בידם[x] מבצר וולקנבורק[y] אשר אין כמוהו בארץ לותיר והוציאו[z] את השר השומר[aa] המבצר[bb] ע״י *מתנות רבות[cc] ולהם לבדם ניתן ולא עבר זר וערל בתוכם הרצינו להגמון באפותיקו כל נפשותם ואת[dd] בתיהם *ואת הונם[ee] אשר בעיר קולנייא:

ויהי מעת[ff] יצא שם[gg] בגוים לאמר נמסרה וולקנבורק[hh] ביד היהודים ואליה נקבצו כל היהודים חדלו מרדוף[ii] אחריהם ולוקח מהם הצלה לכל שאר היהודים הבורחים אל[kk] המגדלים[ll]. ואני הצעיר[mm] הכותב[nn] בן י״ג[oo] שנים[pp] הייתי אז במבצר וולקנבורק אצל[qq] קרובי ברבים[rr] ממשפחת אמי נ״ע[ss] ושאר היהודים אשר בכל מדינות המלך נקהלו ועמדו[tt] על נפשם וימלטו[uu] איש את[vv] נפשו למבצר אהבו גוי וקבל קרוביו עמו:

ויהי בראשית בואנו[ww] לוולקנבורק[xx] ושם זקן אחד יהודי[yy] גר בכפר שבתחתית ההר ולו שני בנים נערים יפים אברהם ושמואל ותשאם ילדותם לעלות אלינו[zz] אל ההר לראות בעניננו[aaa] ויפגע בהם רשע[bbb] גוי עז פנים אשר לא נשא פנים לזקן ונער לא *חנן ויכם[ccc] וימיתם וילך לו. והנה בחורים יורדים מן ההר ויראו את נופות[ddd] הנערים שוכבים מתים וירדו ויגידו לאביהם ויבך אותם אביהם[eee] ויתאבל על בניו ימים רבים. אחרי

---

a) *S.* תצאת. b) *S.* וסיבלה. c) *S.* קדושות. d) *S. B.* ידאו. e) *O.* במדרגה. f) *S.* תחתונה. g) *Fehlt in S.* h) *Fehlt in S.* i) *Fehlt in S. und B.* k) *S.* הטועים. l) *S.* על. m) *S. B.* והמבצרים. n) *S. B.* אשר היה. o) *B.* לקבל. p) *S. B.* צורים. q) *Fehlt in O.* r) *Fehlt in S.* s) *B.* תתה״קו. t) *S.* יצא. u) *S. B.* מקלוניא. v) *S.* מקלניא. w) *Fehlt in S. und B.* x) *B.* לידם. y) *S.* וולקנבורג. z) *S. B.* ויוציאו. aa) *O.* את השומר. bb) *S. und B. fügen hinzu* מיהם. cc) *S. B.* כתן הון. dd) *S. B.* את. ee) *S. B.* והונם. ff) *O.* כאז; *S.* כאד; *B.* כאוד. gg) *S.* הקול ושם. hh) *S. hier und weiter stets* וולקנבורג. ii) *S.* בלרדוף. kk) *O.* כן. ll) *o. fügt hinzu* ישם. mm) *Fehlt in S. und B.; O. hat noch am Rande* אלעזר דלוי הצעיר; *in o. befindet sich diese Randnotiz bereits im Texte.* nn) *S. und B. fügen hinzu* הגזירה. oo) *S.* שלש עשרה. pp) *Fehlt in O.* qq) *So in S.; O.* הייתי; *o.* הייתי שם; *B.* היה שם. rr) *So mit Benutzung von o., wo es* ברבם *heisst; O. S. B.* כי רובם. ss) *S.* ע״ה. tt) *O.* ועמד. uu) *o.* והבלטו; *S.* דמלטו; *B.* כמלטו. vv) *O.* על; *S. B.* אל. ww) *S. B.* כאו. xx) *In O. folgt hier noch einmal* ויהי בראשית. yy) *Fehlt in S.* zz) *S. B.* אליהם. aaa) *S. B.* בעניינים. bbb) *Fehlt in o.* ccc) *o.* יחון. ddd) *Hds.* גופה. eee) *O. fügt noch hinzu* ויקרע.

ואת נודע *מי הכס[a] ויתנו הקהל שוחד[b] לדגמון[c] ויצו ויתפשיהו[d] וינקרו את עיני הרוצח ובעוד שלשת ימים ליום העיורו *את הנבל[e] *מרת לב הנבל בקרבו[f] ויהי לאבן ויגפהו[g] ה׳ וימת[h] ויפגר. כן יאבדו כל אויביך ה׳. והנערים הובאו[i] לקבורת[k] בקלוניא ויקברום[l] תנ״בע. ושני יהודים ממגנצא היו עושים יין בימי הבציר ר׳ יצחק ב״ר יואל הלוי ומר יהודה[m] ויארוב עליהם צורר אחד[n] מתועב שתי[o] וערב ויכם נפש וילך[p] לו לדראון עולם לא שב אחרי כן. ושר אחר בא ולקח[q] כל אשר לו בבית והיהודים[r] ההרוגים הובאו למגנצא *ויקברום שם בקברות[s] אבותם[t]. גם יהודי אחד מוורמיישא[u] איש גבור חיל ונעים ר׳ שמואל ב״ר יצחק קמו[v] עליו צוררים *בעת ההיא בדרך[w] בין מגנצא לגרמייזא[x] ויכוהו[y] נפש גם הוא פצע בשלשה מהם וישלחוהו[z] ויביאוהו לעירו ויקבר[aa] שם[bb]. ושלשה יהודים וביתם[cc] נמלטו[dd] אל מבצר שטהלקא[ee] ר׳ אלכסנדרי ב״ר משה התלמיד הגון ומר אברהם ב״ר שמואל ומר קלונימוס ב״ר מרדכי גרים[ff] בכפר בכרבא[gg] שבתחתית[hh] אותו[ii] ההר[kk]. ויהי היום ערב[ll] שבועות והשאם גורת המלך לרדת מן ההר ולוועד על חובותיהם וענינם[mm] ויקומו עליהם הטועים וירדפו אחריהם וישאלום לטנף נופם וימאנו כי על מות אהבו בוראם ומר קלונימוס רקק רוק הנראה לעיניהם[nn] על פסל הצלוב[oo] וימיתוהו שם[pp] והשאר[qq] נחבאו תחת מטות ובתקים[rr] ובראו[ss] אותם בחרבותם ויקברו במגנצא. בימים ההם אין מלך שיפט לישראל מן הטועים כי המלך בונרט[tt] עצמו נסמן ונתעב וילך ירושלימה[uu] ופנינו[vv] יהודה[ww] ואפרים. אי שמים *כל העמים טומאתם בשולים חוטאים בומה ובחמס כפים ויושבים בטח ברחבת ידים ואני לקחתי כפלים מיד ה׳ חמת אפים ומציהי הכוס עם השירים[xx]. הן גם בשנת הת״קו דמי הומק והוקו *שמע ה׳ כי היתה חרפה[yy] אבכה ביום מבוכה[zz] *ואגנת ביליל אביבה[aaa] על הרוגי בכרבא. *הרון[bbb] אל נתבה דם חסידים לשופכה

---

a) S. הרוצח; B. מי הוא. b) S. בכון. c) S. להגבין. d) S. ויתפסוהו. e) *Fehlt in O.* f) *Fehlt in S.*; B. בקרבו. g) B. ויסגהו. h) *Fehlt in S. und B.* i) S. B. הובלו. k) B. לקבורה ויקברו. l) S. ויקברון; *fehlt hier in B.* m) S. יהודא; B. יודא. n) *Fehlt in S.* o) S. בסימן שתי. p) o. B. ויצא וילך. q) S. לקח. r) S. יהודים. s) S. B. לקבורות. t) S. *und* B. *fügen hier noch hinzu* (B. נצ״ל) ונקברו וק״צל. u) S. B. כגרמייזא. v) S. B. ויקמו. w) *Fehlt in S.* x) *So in O. und B., während O. sonst die andere Form hat;* S. לגרמייזא על הדרך. y) S. ויכהו. z) S. B. וישלחו קהלו. aa) S. ויקברוהו. bb) S. B. נ״ע. cc) *Fehlt in B.* dd) B. *hat hier noch* לביתם. ee) O. שטאלק. ff) B. ולפני זה היתה דירתם. gg) O. סרחא. hh) O. שתחתית. ii) *Fehlt in B.* kk) *In S. ist die Wortfolge des ganzen Satzes verändert. Hier heisst es:* ושלשה יהודים היו גרים לפני זה בכפר בכרבא שבתחתית אותו ההר ונמלטו הם וביתם על מבצר שטהלקא שעל ההר בשמם ר׳ אלכסנדרי . . (*wie oben im Texte*) . . מרדכי. ll) S. בערב. mm) S. ועניניהם. nn) S. לעינים. oo) S. צלוב. pp) *Fehlt in S. und B.* qq) S. והשאר. rr) S. ובתקים. ss) *So in allen Hds.* tt) o. בונרק *mit einer darauf folgenden römischen III ohne Ueber- und Unterstrich*; S. סנרם; B. סנריאר. uu) S. וירושלמה. vv) S. ופנינו. ww) S. יהודא. xx) S. לקחתי כיד ה׳ כפלים. yy) *Fehlt in S.* zz) O. מבוקה. aaa) O. ויבינה; *fehlt in S.* bbb) S. B. חכה.

*בחטאינו לא שככה[a] בחרב ובקשתית[b] דריכה רוחם ונפשם נמוכה[c] הרדיפום מנוחה להדריכה[d] תיכף לזכר נשמתם ברכה ימין אל כם תמכה תחת עץ חיים לסמכה[e]:

גם יהודים נתפסו נאנסו ונטנפו במי גיעול וברחו ונמלטו ובעוד לילה נשמטו וחזרו אל ארותם[f] קדוש ישראל כבראשונה. ויהודית אחת נתפסה באשפנבורק[g] מרת גוטהלא[h] זכרה לטובה ולא אבתה להצחן[i] במי המרים המאררים וקדשה שם הקדוש ונטבעה בנהר. יזכרה אלהים לטובה *ברחל ובלאה[k]:

ויהי[l] *בכ״ב יום[m] לחדש[n] אדר אשר קמו מרעים על קהל ווירצבורק כי כבר כל הקהלות נשמטו אל *הסלעים ואל המבצרים[o] והמה יומו[p] לשבת בשלוה והנה ראוה עוה עוה. והנה הם שמו עלילות דברי[q] שקר ותרמית להתגולל *ולהתנפל עליהם[r] ויאמרו *מצאנו[s] גוי בנהר שאתם הרגתם אותו וישליכוהו אל הנהר ויקדש בם והנה עושה אותות. ומתוך כך קמו *הטועים וכל דלת העם[t] השמחים ללאו דבר ויכום. ושם נהרג על ספריו גוף קדוש הרב ר׳[u] יצחק בן רבנו אליקים איש עניו[v] ושפל ברך ותיק ונעים ועמו כעשרים ואחד נפש. ושם אתם[w] נער עברי תלמיד הגון ר׳ שמעון בר׳ יצחק ונפצע כעשרים פצע *ואחרי כן חי[x] כשנה תמימה ואת אחותו הביאו[y] בבית תרפותם[z] לטנפת[aa] וקדשה את השם ורקקה על התיעוב והכוה[bb] באבן ובאגרוף כי לא[cc] יבאו[dd] שמה חרב *בבית המשוקץ[ee] ולא מתה ונפלה *למשכב שמה בין ידיהם[ff] ותרא את עצמה כאלו מתה[gg] והיו פוצעים בה בידים ומכים[hh] *וכווה[ii] כויה על כויה[kk] לדעת אם מתה אם לאו[ll] *והשכיבוה[mm] על אבן שיש מרמרא והיא לא הקיצה ולא נעה[nn] ונדה כפרכוס[oo] יד או רגל. ככה הערימה עליהם עד הלילה עדי[pp] שבאתה גויה כובסת בגדים גויה ונשאתה[qq] לביתה והחביאתה והצילתה. ושאר היהודים נמלטו בחצר[rr] שכנם ויהי ממחרת ברחו[ss] אל מבצר שטולפיך[tt] ברוך אשר נתן להם פליטה. אהה נפשי הומה[uu] כאיל תערוג עינה על הרוגי ווירצבורנא[vv] קהלה כגפן משורגה איך בחתף[ww] נהרגה ירדה[xx] להתתונה מדרגה. לכן

---

a) B. ששכה. b) S. B. ובקשת. c) B. נמיכה. d) o. ולהדריכה: B. מכחרי.
e) *Fehlt in* o.; S. נ״ז. f) *Fehlt in* S. *und* B. g) *So in* S. *und* B. *mit Ueberstrich bei* נב;
O. באסטנבירג: B. *am Rande* באוינסבורג. h) S. גוטהלדא. i) O. להנתן. k) *Fehlt in* S.
l) O. חה הוה: S. B. ״י הוה. m) S. בעשרים ושנים. n) O. לירח. o) S. המבצרים ואל
בקרת הסלעים. p) S. חמיה. q) O. B. דברים. r) O. עלינו ולהתנפל. s) O. B. הנה.
t) S. הדלת עם. u) S. רבי. v) S. עני. w) S. אתני. x) S. חי אחרי כן. y) O.
הוציאו. z) S. תפליתיהם; B. תרפותם. aa) o. וטנפיה. bb) S. B. יכסה כבות הבוה.
cc) o. *fügt hinzu* יראו. dd) B. הביאו. ee) O. השקוץ: *fehlt in* S. ff) S. בין ידיהם
למשכב. gg) B. היא מתה. hh) S. ומכום. ii) S. יכוים. kk) O. וכבים כביה
(o. פיה) על כחה. ll) S. לא. mm) O. B. והשביעוה. nn) S. נע. oo) S. כפרכס.
pp) *Fehlt in* S. qq) S. ונשאת. rr) S. B. באוצר. ss) O. ברח: o. ברחם. tt) o.
שטולפק כיך; B. שטולבך. uu) S. נתה: B. נוגעה. vv) O. ווראנבורגה. ww) O.
בחינם. xx) S. ירד.

אבכה בתוגה ורוחי ונפשי נמוגה[a] לא אתן פוגה במצית מתוארה כבמחיתה. איך ערומה הוצגה[b] וכבושת לאחור נסוגה חלקם בחיים להתגרגה בגן עדן להמחנה לעמוד שם בעונה חיי. שעה לפרגה חיי עולם להפליגה שם לחוקם ולהכליגה. ביום[c] המחרת צוה הדגמן לאסוף את כל החסידים הנהרגים *אל ענלות[d] כל נתח טוב ירך וכתף ומהוגות ידיהם ותלידם הנשארים בשמן הקדש[e] וכל[f] הנמצא מנופתם[g] ומאיבריהם[h] *ויאמר לקברם[i] בגנו. ואחרי בן קנו[k] ר' חוקיהו[l] בן רבנו אליקים ומרת יהודית אשתו לאותו *הגן עדן[m] מאתם[n] הדגמן ונתנוהו להיות בית הקברות כולה[o]. *טוב עין הוא יבורך כי נתן[p]:

גם בהם[q] נהרגו במאה וחמשים נפשות יזכרם אלהים לטובה[r]. לבי מר *נוהם על חללי בהם[s] לטבח[t] נתנו חסידיהם *קהל גדול שלהם[u] איך נתמעט מהם ושודד בא עליהם בבן אספוד[v] להם כי מתו גבוריהם והדבור אין בהם. מה יקרו[w] לרעיהם כי מלאים מצוותיהם כמלוי[x] רמונים וכפלחיהם בבתית צדיקים חלקיהם אין נכנס במחיצותיהם. מה רב טוביהם כי עקדי עקרותיהם גם הבינו מטבחותיהם כמו יצחק אביהם צדקתם העמוד לבניהם לרחמם בארץ שוביהם[y] להאריך בשלוה ימיהם:

וכן[z] גם בסולי נהרגו כמה[aa] וכמה נפשות. לבי *החלל לי אוי ואבוי להילילי[bb] על הרוגי סילי בבכי אשמיע קולי צרה במבכירה וכחולי על הרגי[cc] חללי[dd]. אדה אל מחוללי כמה לטבח הובילי יבחוץ לעוברים המשילי לענה ראש[ee] האבילי כטיט חוצית השחילי[ff] הרג יונקי ועוללי ה' אלהים חילי אמור[gg] יש להנחילי כי אתה אלי. דמי לך בהמילי ונפשי ליחרך כהפילי תרפא כל מחלי תנה סוף לאבלי[hh] ועל בני השכללי[ii] ה' צורי וגואלי:

גם בקרנטן[kk] נהרגו נפשות אין מספר כי באו עליהם פתאום והמה נאספו לחצר אחת. ושם שני *בחורים אחים[ll] גבורים עמדו על נפשם ונפש אחיהם להציל והרגו ופצעו גם הם באויביהם ולא יכלו להם צריהם עד כי באו להם מאחוריהם* אל תוך[mm] החצר והרגום כולם. והרב הגדול ר' פטר תלמיד רבנו שמואל ורבנא יעקב אחיו מרמרו[nn] נהרג בלוותו לקבר פרנס אחד. אוי *לו להורי[oo] שאבד מרגליות טובה כזו למי נאבדה הלא לבעליה אוי להי[pp] לספינה שאבדה קברניטה אוי[qq] לעינים שראו במפלתו[rr] אוי ללב

---

a) O. דאינה. b) O. הושנה. c) S. וביום. d) *Fehlt hier in S.* e) S. הקודש. f) S. כל. g) S. כניפם. h) S. יאיבריהם. i) S. ילקברם. ולשאת אותם על העגלה. k) O. קנה. l) S. B. חוקיה. m) S. הג"ע. n) S. כיד. o) O. סלה. p) *Fehlt in S.* q) O. כבהם; o. כרם; S. קָהָם. r) O. לברכה. s) S. קָהָם יבל. t) *Die hier folgende Klage über Ham fehlt in S. gänzlich.* u) *Fehlt in O.* v) O. נספד. w) O. ויקרו. x) B. כתלי. y) O. שביהם; B. איבהם. z) *Fehlt in S. und B.* aa) O. כאה. bb) S. הללי. cc) B. הרגי. dd) B. סילי. ee) O. חדש. ff) *Die Worte von* בבכי *ab fehlen in S.* gg) *Fehlt in S.* hh) O. להאבילי. ii) *Die Worte von* דמי *ab fehlen in S.* kk) o. בהרנטן. ll) S. אחים בחורים. mm) o. בתוך. nn) O. בן מידו. oo) S. לבי; B. לחור. pp) *Fehlt in S.* qq) o. *fügt hinzu* לו. rr) S. כפלתי; B. כאפלתי.

הזוכר[a] הריגתו. בואו אחי ורעיי וספדו לרבכם המלבישכם שני עם[b] עדנים בנות ישראל בכינה מספד[c] מר בתגים ובבנות יענה[d]. אמרו הוי אחי מר יהי אדיר בשיחי[e] הוי אדון הוי להפר[f] אי לשון המהודרת לספר בפלפול רב רנה[g] כעופר הנותנת אמרי שפר מדוע להכה האפר ונקצצה מן הספר רם אשכול הכופר איך נכרתה להפר לשון חכם וסופר יה סולח ומכפר יועץ ואין יפר תנהו לעדהו לכפר:

וביו"ט שני של שבועות *נאספו הטועים מארץ צרפת[h] אל רמרו[i] ובאו בבית רבנו יעקב שיחיה[k] ולקחו כל אשר[l] בביהו וקרעו *ספר תורה[m] בפניו ולקחוהו[n] והוליכוהו *אל השדה[o] וידברו אתו משפטים על דתו ויתנכלו להמיתו[p] *ופצעו *אותו חמשה[q] פצעים בראשו כי אמרו אתה גדול של[r] ישראל לכן[s] *נקחה ממך נקמת התלוי[t] *ונפצעה בך כאשר פצעתם באלהינו ה' פצעים. ובמעט שבנה[u] דמה נפשו הטהורה לולי רחמי[v] יוצרנו *אשר ירחם[w] על תורתו[x] וימן[y] ה' שר גדול *לרבנו יעקב[z] *בדרך אותו[aa] ישדה[bb] ויקראהו רבנו וישחדהו בסוס שוה ה' זקוקים וילך השר וידבר *על לב[cc] התועים וישסעם בדברים ויאמר להם הניחו לי היום ואני אדבר עמו[dd] אולי יפותה ונוכל[ee] להסיתו ואם לא יאבה דעו כי מחר[ff] אתננו[gg] בידכם. וכה עשו ונדחית[hh] השעה הרעה[ii] בחמלת ה' על[kk] עמו *ירחם על[ll] המריבין להם *תורתו הקדושה[mm]. ובשאר קהלות צרפת לא שמענו שנהרג או נאנס אז[nn] מהם איש אך נחסרו הרבה מאד[oo] מהונם[pp] כי צוה *מלך צרפת[qq] כל אשר התנדב ללכת ירושלימה אמחול[rr] חובו *שחייב[ss] ליהודים[tt] ורוב הלוואות יהודים שבצרפת[uu] באמנה *ובכן[vv] הפסידו ממונם[ww]:

ובאנגלטירא הצילם מלך עליון *ע"י מלך אנגלטירא אשר נתן בלבו לגוננם ולהציל נפשם[xx] וממונם[yy] ברוך עוזר לישראל. והאנוסים אשר נאנסו בכל הקהלות חזרו למוטב באותה שנה תת"קו[zz] עצמה. ברוך נותן עצמה אשר[aaa] הזמין להם כומר אחד שהיה לוקחם ומוליכם אל ארץ צרפת או אל

---

a) O. חבר: S. שָׁשַׁשׁ על. b) *Fehlt in B.* c) o. יספדו. d) *Die Worte von* אחי *an fehlen in S.* e) S. בשחי וכו' קינה ארוכה; *das Folgende bis zum Absatz fehlt in S.* f) o. לדבר וגו'; *das Folgende bis zum Absatz fehlt in o.* g) O. רצה. h) S. באו הבסיכנים ונאספו מצרפת. i) o. מירו. k) *Fehlt in S.* l) B. *fügt hinzu* לו. m) Hds. ס"ת. n) S. ואיתי לקחו. o) o. לשדה; S. B. השדה. p) O. B. *fügen noch hinzu* ואת גופתו. q) *Fehlt in o.* r) *In O. folgt noch* דיך *mit darüber befindlichen Tilgungspunkten.* o. הדוד *ohne Punkte.* s) *Fehlt in o.* t) S. נקמה נקח ממך על צליבת משיחנו. u) S. B. שעה. v) S. חסדי ורחמי. w) *Fehlt in S.* x) *Fehlt in o.* y) o. S. והנה זמן; B. והן. z) *Fehlt in S.* aa) o. איתה. bb) S. השדה. cc) B. אל. dd) o. עליו. ee) S. ואיכל. ff) S. בעת מחר. gg) S. אתנהו. hh) o. *fügt hinzu* ויתעל. ii) S. רעה. kk) *Fehlt in S.* ll) S. להחייה להם. mm) S. הייה ויורה מורה. nn) *Fehlt in S.* oo) *Fehlt in S. und B.* pp) S. (!) מממונם. qq) S. המלך והכרית. rr) S. ימחול לו. ss) O. אם חייב. tt) S. כל מה שחייב לבני ברית. uu) B. יש בצרפת; S. בצרפת. vv) B. יכן. ww) S. והפסידו הון רב. xx) O. ומלך אנגלטירא הציל עניי תופסם. yy) S. ובוזנם. zz) O. של תת"קו; S. שנת ד' אלפי תת"קו. aaa) S. כי י"י.

מקום אחר להזור לתירהם ולעמוד שם עד שישבח[a] טנופם[b] ולא היה לוקח על זה לא כסף ולא זהב ברוך עושה נסים לכל החוסים[c] ואליו נגשים[d]:

ובט"ו באב של שנת תת"קו כבר שבו כל הקהלות אל מחוז חפצם וישבו בעריהם ובבתיהם כבראשונה והטועים[e] כבר עברו כולם ויפני אל התופת וגיא בן הינום. ברוך האל הנותן[f] נקמות *כי רובם[g] לא שבו עוד לביתם ולא הכירו[h] עוד מקומם *מהם מתו ברעב מהם מתו במגפה גם בחרב ומהם נתייגעו[i] ופגרו מעבור את הים. וגם יד ה' היתה[k] בכל רשע אשר שלח ידו ביהודי *ומעט מזער מן הרוצחים אחד ממאה לא שבו לארצם[l] עוד:

ויהי בר"ח כסליו בשנת תת"קח הוכתה ולקתה החמה כשעבר כנגד שליש היום ונראה בתוכה כתבנית איפן עגלה וכמה מראות היו בה אדום וירוק ושחור וכנגד שעה אחת היתה כן[m] *ואחר כך[n] שבה לקדמותה ונודע לנו אח"כ כי בו ביום נלחמו האדומים עם הישמעאלים ונפלו האדומים ולא הפילו[o] בכל הדרך שהלכו כי אם קריה קטנה לַשְׁכִינָא[p] שמה אותה לבדה והיא בתחלת *ארץ ישראל[q] ויורישו[r] את העם אשר בה *וישבו בה עד היום הזה[s] וכה עשו לאשקלון אשר לפלשתים ויש אומרים כי אח"כ שברה אשקלון לפלשתים[t]. ואל[u] קנוא ונוקם יראה *לנו נקמה משנאיהם מאדום ומישמעאל[v] כאשר עשה לפרעה *ולכל מצרים כאשר יאמר הישעל בשירו אחר העקידה להיות[w]. ודם חסידינו[x] הנשפך כמים ירפוס[y] על פורפורין שלו שהרי[z] ר' מאיר בנו אומר בזמן שאדם מצטער שכינה מה לשון אומרת קלני מראשי קלני מזרועי ואם כך מצטער על דמן של רשעים ק"ו על דמן של צדיקים שנשפך שיכמרו רחמיו[aa] שנמשלו ישראל ליונה דכתיב עיניך יונים מה היונה הזו כל העופות כשהן נשחטין הן[bb] מפרכסין אבל היונה אינה כן אלא פושטת צווארה כך אין אדם נותן נפשו על הקב"ה אלא ישראל בלבד שנאמר כי עליך הורגנו כל היום וגו' בספרי. *ותורה הקדושה אשר קרעו ונתנו למרמס הזעק עליהם חמס ושוד לפני בוראה ותפילם ותשפילם עד עפר[cc]. וענין החסידים[dd] ההרוגים על *יחוד השם[ee] נדרש במדרש[ff] מה רב טובך[gg] בלקח טוב *ובשוחר טוב[hh] שלכל אחד שמונה בגדים ככהן גדול

---

a) *S.* ישבח. b) *S.* טניפים. c) *B.* בו חוסים. d) *O. fügt noch hinzu* כצילו היו חוסים. e) *S.* והבסיכנים. f) *S.* נותן. g) *Fehlt in S.; B.* כי. h) *O.* הכירם; *o. S.* ראו. i) *S.* בחרב בדבר וברעב נשמטו צרינו מהם נתייגעו. k) *S.* היה. l) *S.* ואחד כמאה וכמעט מזער מהרצחנים ואחד כמאה.....; *o.* מהרצחני לא שב לארצו עוד. m) *Fehlt in S. und B.* n) *S.* ואחרי כן. o) *o.* הפילו. p) *S. B.* לַשְׁכִינָה. q) *O. B.* א"י. r) *S.* ויירשו. s) *Fehlt in S.* t) *o. fügt hinzu* (= מדברי הימים) כד"ה נחסל ספר זכרונות. u) *Der ganze hier folgende Abschnitt bis* רחמים *fehlt in o.* v) *S.* נקמתו כשעיר יאורן. w) *S.* לבצרים ע"י משה ואהרן. x) *B.* חסידים. y) *S.* יתבוסס; *B.* יתבוסס. z) *Für das Folgende bis* בספרי *hat S.* וכו' עיין בספרי. aa) *O. fügt noch hinzu* על. bb) *Fehlt in B.* cc) *S.* וכן ענין התורה הקדושה שנקרעה ונרמס עיין שם. dd) *S.* חסידים. ee) *S.* שכך. ff) *S. fügt hinzu* על פסוק. gg) *S. fügt hinzu* וגו'. hh) *Fehlt in S. und B.*

רשני[a] כתרים וכבודם יותר על של כהן גדול כי כהן גדול מוהו[b] מדם הקרבנות[c] והם[d] הזו דמי עצמו[e] ודמי בניהם היקרים ועקדו עקדות ובנו מזבחות והכינו מטבחות. יזכרם אלהים לטובה *וצדקתם העמוד לכל עדתם עד עולם. וצור צח ואדום את אדום יהפוך בסדום למען יומרך בבור ולא ידום ואום ישמעאל הארורה יהפוך כעמורה וישיב שה פזורה בקדם למרותה ויבנה בית הבחירה[f] בהוד ותפארה והעטרה כמאז יצהירה ואף כשישיב לנו כל השררה אשר לנו היתה מסורה וכל הארץ בידינו יסגירה הן עוד דבלנו מחסורה כי תחת הנחשת זהב יהדרה ותחת ר׳ עקיבא וחבריו מה יחזירה אך אין להרהרה אחר מדת איום ונורא כי הוא צדיק[g] עלינו לאומרה ואנחנו חטאנו מה נספרה אך גבורתו יעוררה ורחמיו עלינו יעירה. אמן כן יהיה במהרה בתשלום ספר הזכירה.

נחסל ספר זכרונות דברי הימים ויתברך הצור תמים אדון מלא רחמים *ואותי אפרים הצעיר יחבירה בכל נחמה בזורה אמן ואמן[h]:

ד

מה נאמר לה׳ מה נדבר ומה נצטדק האלהים מצא את עונינו. גם בשנת ד׳א ותתק׳לא[i] כי[k] רעה נשקפה בצרפת ושבר גדול בבלוייש העיר כי היו שם[l] כנגד ד׳ מניינים יהודים דרים בעיר. ויהי היום הרע בה׳[m] בשבת לעת ערב *והנה בלדה[n] רכב יהודי אחד[o] להשקות את סוסו והנה שם גולייר אחד ימחה מספר החיים משקה סוסו[p] של ארונו *והיה היהודי[q] נושא בחיקו עורה[r] ווירא ונשמט האחד מכנפי העורה והיה נראה מתחת סרבלו וראה סוס הגוליד לובן העורה בחשך ונבעת וקפץ לאחוריו ולא היה יכול להביאו במים. ויבהל העבד הגוי וישב אל אדוני לאמר שמע נא אדני את אשר עשה פלוני היהודי רכבתי אחריו[s] אל הנהר להשקות סוסיך וארא והנה הוא משליך תוך[t] הנהר נער[u] גוי קטן שהרגוהו היהודים וכראותי כן נבהלתי ונחפזתי לשוב פן יהרגני גם אותי וגם הסום אשר תחתי נבעת מרגשת המים בעת השלכתו הנער במים ולא אבה לשתות. והוא[v] ידע בארונו

---

a) S. וב׳. b) B. הוה. c) S. קרבנות. d) S. והמה. e) S. עצמם. f) S. יהרוגים תדיף עד חובה יאל הדים והפך כסדום וישמעאל הארורה הפך כעמורה ותשיב שה פזורה ובית הבחירה בנה בתפארה. אמן כן יהי רצן במהרה: סליק דברי הימים. ברוך הצור הבים אל חי העולמים כלא רחמים. *Hiermit schliesst in S. der Abschnitt.* g) B. צדיק. h) *Fehlt in B.* i) o. התקלו. k) *Fehlt in S.* l) S. שבה. m) S. בחמישי. n) *Fehlt in S.* o) S. *fügt hinzu* לנהר. p) S. סוס. q) S. והיהודי היה. r) B. *hier und weiter* השורה, שורה. s) S. אחריו. t) S. להוך. u) *Fehlt in S. und B.* v) S. והעבד.

*שהיה שמח[a] לאיד כי היה שונא יהודית[b] אחת גברתניה *שבעיר ע״כ שם את הדברים בפיו ויען[c] ויאמר עתה אקח נקמתי *מפלונית ממרת פולצלינא[d]. ויהי ממחרת וירכב אל שלטון[e] העיר הוא[f] טיבלט הרשע בן טיבלט[g] טיבלתי וארירות רעוה ומרות על ראשו מושל מקשיב על דבר שקר[h] כי משרתיו רשעים. ויהי כשמעו ויחר אפו ויקח את כל היהודים אשר בבלוייש[i] ויתנם אל בית הסוהר ומרת פולצלינא[k] היתה מאמצת לב כולם כי היתה בוטחה באהבת *השלטון שהיה איהבה[l] עד עתה ביותר אך איזבל אשתו הצוררת מסיתה אותו כי גם היא *שנאה מרת פולצלינא[m]. וכולם היו נתונים בחבלי[n] ברזל לבד ממנה אך עבדי השלטון השומרים איתה[o] לא נתניה לדבר עם השלטון מאומה פן תהפוך את לבי מהם והיא *מסיבות מתהפך[p] בתחבולותיו לפעלם להתגולל עליהם ולא ידע במה כי אין[q] לו עדות עליהם[r] עד שבא כומר אחד יאבד וישורש וכרו מארץ החיים ויאמר לשלטון לכה[s] נא איעצך איך תעשה בהם שפטים צו להביא את העבד אשר ראה שהשליך היהודי את הנער *אל תוך הנהר[t] ויבחן בגיגית[u] במים אם האמת אתו. ויצו ויביאהו[v] ויפשיטו בגדיו ויתנהו לתוך הגיגית מלאה מים טמאים לראות אם יוצף למעלה נכונים דבריו ואם *ישקע למטה לא דבר נכונה[w] כי כן משפטי גוים[x] לנסות בדתות[y] חקים לא טובים ומשפטים[z] בל יחיו בהם ויעשי כרצונם ויציפו[aa] את העבד ויעלוהו והצדיקו את הרשע והרשיעו את הצדיק. וטרם בא הכומר אשר הסית אותו לבלתי קחת כופר *על נפש[bb] נער פתח[cc] השלטון בממון וישלח יהודי אחד אל היהודים לשאול מהם מה יתנו לו ויתועצו[dd] עם הגוים אוהביהם וגם היהודים אשר במגדל ולא יעצום כי עם בק׳ ליטרין וגם שיקבל חוביתיהם ק״פ ליטרין. ובתוך כך בא הכומר *ויהי מאז[ee] ביאו לא פנה השלטון עוד אליהם ולא שמע *לדבריהם אך למצות[ff] הכומר לבדו[gg] *ולא הועיל הון[hh] ביום עברה. ויצו השלטון הצורר ויביאום[ii] ויתנום אל בית אחד של עצים ויסבבו את הבית בקוצים ובחבילי[kk] ומורות. ויהי כהוציאם אותם החוצה ויאמר[ll] המלטו נא[mm] על נפשכם ועזבו יראתכם ופנו אלינו. ויענום ויבום[nn] ויסרום אולי ימירו[oo] את[pp] כבודם בלא יועיל וימאנו[qq] ואיש את רעהו יעזורו ולאחיו יאמר[rr] חזק ביראת שדי. ויצו הצורר ויקחו את שני כהני צדק[ss] את החסיד ר׳ יחיאל בר׳ דוד הכהן ואת הצדיק

---

a) S. B. ששכח.
b) S. ליהודית.
c) S. שמה מרת פולצלינא ויען האדון.
d) S. כן האשה הנ״ל; o. פולצרינא.
e) S. השולטן.
f) S. ההוא.
g) S. טיבלת.
h) In O. und B. folgt noch אשר הקשיב דבר שקר.
i) o. בבלתייש; S. בבולייש.
k) o. hier und unter פורצלינה; S. פולצילנא.
l) S. השולטן אליה כימים יכימה.
m) S. שנאה למרת פולצילינא.
n) Hds. בכבלי.
o) Hds. איתם.
p) S. כסבב ומהפך.
q) S. לא היה.
r) Fehlt in S. und B.
s) S. B. לך.
t) o. להנהר.
u) S. בגינת.
v) S. ויביאוהו.
w) S. לאו בל נכון.
x) S. אמללים.
y) o. B. בדהם.
z) Die Worte von לנסות ab fehlen in S.
aa) S. ויצופו.
bb) S. לנפש.
cc) S. B. פתח.
dd) S. ויועצו; B. ויתעצו.
ee) S. יבאו.
ff) S. דבריהן רק לדברי.
gg) Fehlt in S.
hh) S. וחן לא יועיל.
ii) S. ויביאם.
kk) O. חבילי.
ll) S. ויאמרו.
mm) Fehlt in O.
nn) S. ויכום.
oo) S. ימירו.
pp) Fehlt in S. und B.
qq) S. ויאבני.
rr) B. אמר.
ss) o. fügt hinzu בני צדק.

ר׳ יקותיאל *הכהן ב״ר יהודה[a] ויקשרום[b] בבית המוקד בעמוד[c] אחד כי
גבורי חיל[d] היו שניהם תלמידי רבנו שמואל ורבנו יעקב וגם ר׳ יהודה[e]
ב״ר אהרן אסרו ידיו וציוהו את האש בחבילי זמורות ותהלקח האש בעבותית
אשר על ידיהם וינתקו ויצאו שלשתם[f] ויאמרו אל עבדי הצורר[g] האיש אין
שולטת בנו למה לא נצא ויאמר להם חי נפשכם[h] אם תצאו מזה ויתעצמו
לצאת וישיבום עוד אל בית המוקד ויוסיפו לצאת ויתפסו בגוי אחד *להביאו
עמהם[i] אל בית המוקד ויהי בקרבם[k] אל המוקד[l] ויתחזקו הערלים ויקחו
את הגוי מידם ויהרגוהו שם בחרב וישליכום אל תוך האש ולא נשרפו גם
הם גם כולם *ל״א נפשות[m] רק שרפת נשמתם וגוף קיים ויראו הערלים
ויתמהו איש אל רעהו ויאמרו אך קדושים המה אלה. ושם היה היהודי אחד[n]
ר׳ ברוך ב״ר דוד הכהן וראה בעיניו את כל הדברים האלה כי גם הוא היה[o]
יושב בארצו[p] ויצא עבור[q] להתפשר על היהודים אשר[r] בבלוייש[s] ולא
הועיל בעוונותינו אך בעבור שאר יושבי השלטון המקולל נתפשר באלף לטרין
גם[t] ספרי תורה[u] ושאר ספריהם[v] הציל. וזה היה בשנת תתק״לא ברביעי
בשבת בעשרים לחדש סיון וראוי לקובעו צום *כצום גדליה[w]:

בכל הדברים האלה כתבו באורליינש בעיר הקרובה אל חללי הקדש
והודיעו לרב[x] רבינו יעקב. ועוד *היה כתוב[y] בכתב ויהי בעלות הלהב
הרימו קולם בנעימה[z] קול אחד ותחלה היה *הנועם נמוך[aa] ולבסוף בקול[bb]
גדול ובאו ואמרו לנו מה זה שירכם כי לא שמענו כנועם זה[cc] וידענו ביחוד
כי עלינו לשבח היה. בנות ישראל אל *ל״א נפש בכינה[dd] הנשרפות על קדושת
השם[ee] ואחיכם[ff] כל בית ישראל יבכו את השרפה ובעוונות לא נתנו לקבורה
אך במקום שנשרפו תחת[gg] ההר ויבאו אח״כ[hh] יהודים וקברו את[ii] עצמותיהם
ובשלשים ושתים נפשות הקדושות אשר הקריבו את עצמן קרבן מנחה
לבוראם וירח ה׳ את ריח הניחוח ואת אשר יבחר בו יקרים אליו:

ברביעי בשבת עשרים בסיון[kk] ד״א[ll] ותתק״לא קבלוהו[mm] כל קהלות
צרפת ואיי הים וריינוס *ליום הספד[nn] ולתענית מרצון נפשם[oo] ובמצות הגאון
רבינו יעקב בן הרב ר׳ מאיר אשר כתב אליהם ספרים והודיעם כי ראוי
הוא לקובעו צום לכל בני עמנו וגדול יהיה הצום הזה מצום גדליה בן אחיקם
כי יום כפורים הוא. זה לשון רבינו אשר כתב וכן נכון וקבלו[pp] היהודים

---

a) S. ב״ר יודא הכהן; B. הכהן בר יודא. b) S. ויקשרם. c) *Fehlt in O.* d) S. כח וחיל. e) S B. יודא. f) S. שלשתן. g) o. *fügt hinzu* הנה. h) S. B. נפשינו. i) S. להביאו עמהן. k) S. בהקרבם. l) o. S. B. האש. m) S. שלושים ואחד נפש; B. ל״א נפש. n) S. *fügt hinzu* שכו. o) *Fehlt in S. und B.* p) S. תחת השלטן הצורר. q) S. כמקומו. r) *Fehlt in S.* s) o. בבולניש. t) o. *fügt hinzu* שאר. u) S. תורת. v) S. ספרים. w) S. כיום צום גדליא. x) S. להרב. y) o. כתבו. z) o. בניגון. aa) S. הקול נמוך ונעים. bb) S. בקול. cc) S. הוה עוד. dd) S. שלושים ואחד נפשות תבכנה. ee) *Fehlt in S.* ff) S. ואחב״כ׳. gg) S. בתחתית. hh) S. אחרי כן. ii) *Fehlt in S.* kk) S. לירח סיון. ll) S. בשנת ארבעת אלפים. mm) S. B. קבלוהו. nn) S. לספוד. oo) S. נפשית. pp) o. וכן קבלו.

ופיוט חטאנו צורינו מיוסד על זה וכתוב בו כל המקרה הרע[a] *ולמעלה הוא כתוב[b] בסליחות על גזרת בלוייש וצדקת כל שמסרו עצמם על יחוד[c] השם תעמוד לישראל סלה:

ויהי בשנת ד"א ותתק"ם והנה ספינה באה[d] מקלונייא ובה יהודים ובבואה סמוך לבוברט והנה אחריה[e] ספינה אחרת וימצאו מושביה[f] ומלחיה[g] ריבה אתה גויה נופלת[h] מתה על שפת נהר רינוס ולא נודע מי הכה ומקצת היהודים אשר בספינה הראשונה[i] היו הולכים על שפת הנהר ויצעקו הגוים אחריהם לאמר מרוע הרגתם את[k] הגויה וילכו הלוך וצעוק אחריהם *בעיר בוברט[l] ויתפשום ויפצעום וישליכום חיים ברינוס גם הם גם שאר היהודים אשר בספינה[m] ויפצרו בם[n] להניח אלהים חיים ולדבוק[o] במתי[p] ולא אבו ויקדשו את השם. והמלך ורידריך *לקח מן הקהלות בעלילה זאת[q] ת"ק זקוקים כסף והגמון לקח מן היהודים אשר בהגמוניא זו[r] מ"ב מאות זקוקים כסף מהם[s] נתנו פה בבונא[t] ד'[u] מאות כי היו אז פה עשירים[v]. ולולי ה' צבאות הותיר לנו שריד כמעט כסדום היינו כי היה הפורענות הולך וגדול[w] כי היו *מושכים וסוחבים את[x] ר' יהודה[y] בר' מנחם ז"ל אחד מן ההרוגים ברגליו[z] סחוב והשלך במים ברינוס וביבשה מעיר לעיר וממדינה למדינה גם בקלונייא משכוהו וגררוהו בכל העיר כמעט קמו *כל אויבינו לבלענו[aa] חיים לולי רחמי שדי אשר נתן הוננו כופר לנפשנו. נצח יתברך שם קדשו אשר הציל את עמו:

בשנת ד"א ותת"קן[bb] רע לישראל משמים[cc] נתקן כי הועמד מלך באיי[dd] הים הנקרא אינגלטירא ויהי ביום שהוקם למלך ואשר נתן כתר מלכות בראשו בעיר לונדריש בבית המלכות אשר מחוץ לעיר נאספו[ee] שמה עם רב מצרפת ומאיי[ff] הים ויבואו גם היהודים הקצינים והעשירים *אשר בהם[gg] להביא למלך מנחה ויחלו רשעים לאמר לא נכון שיבאו היהודים[hh] לראות *בעטרה של מלך שעטרו לו כומרים וגלחים[ii] *ביום[kk] שמוכתר[ll] למלך[mm] וידחפום ויתעללו בהם. והמלך לא ידע ותבא השמועה בעיר לאמר *צוה המלך[nn] להשמיד[oo] את היהודים ויחלו להכות בהם ולהרוס בבתיהם מגדליהם ויהרגו בהם כשלשים איש ומקצתם שחטו את עצמם ואת בניהם ושם נהרג הרב המובהק ר' יעקב מאורליינש על קדוש השם. ולא ידע המלך בכל ואת

---

a) *S. fügt hinzu* הזה. b) *Fehlt in O.* c) *S.* קדושת. d) *S.* בא. e) *O.* אחריה; *B.* אחריהם. f) *S.* יושביה. g) *O.* מלחיה. h) *Fehlt in S. und B.* i) *S.* II. k) *S.* את ואת; *B.* ואת. l) *O.* בבוברט; *S.* בעיר פופרט; *B.* בעיר בופרט. m) *S.* היו בספינה. n) *S.* בים. o) *S.* הלדבקה. p) *O.* באל מת; *S.* בהם. q) *O.* .. בעד עלילה זאת; *S.* לקח בעלילה זו מן הקהלות. r) *Fehlt in S. und B.* s) *S. B.* ונתני. t) *Fehlt in S.* u) *S.* כמה. v) *S. fügt hinzu* גדולים. w) *S. fügt hinzu* מאד. x) *O.* סחבו. y) *Fehlt in S.* z) *Fehlt in S. und B.* aa) *O.* לכל איביני לעיני. bb) *S.* התת"קן. cc) *S.* מן השמים. dd) *O.* באי. ee) *S.* נתקבצו. ff) *O.* ימאי. gg) *S.* בתוכם. hh) *S.* יהודים. ii) *O.* עמ"ה מלך הנעטר מן הגלחים וכומרים; *S.* גלחים וכומרים.... kk) *Fehlt in S. und B.* ll) *S. fügt hinzu* בו. mm) *Die Worte von* ביום *ab fehlen in O.* nn) *S.* המלך צוה. oo) *O.* להרוג.

כי בשמעו את קול ההמון בעיר שאל מה קול הרגש[a] הזה[b] ויאמר השוער אין דבר רק הנערים שחקים ושמחים. ויהי אח"כ *כהודע לו[c] האמת צווה לקשור[d] את[e] השוער בזנבות סוסים[f] סחוב והשלך ברחובות ובשווקים עד צאת רוחו וימת במיתה רעה[g]. ברוך *האל הנותן[h] נקמות:

אח"כ[i] בשנת התקנא קמו[k] טועים[l] על עם ה' בעיר אברווך[m] אשר[n] באנגלטרא[o] *בשבת הגדול ועת הגם נהפך לאונס ולעונש[p] ויבריחו[q] *אל בית התפלה[r] *כי סברו כי שמה בית מנוס[s] ויעמוד הר"ר י"ט[t] וישחט כמ' נפשות וגם אחרים שחטו ויש שצוה לשחוט בני יהודו[u] אשר לא נסה כף רגלו הצג על הארץ מהתענג[v] ומרוך ויש מהם שנשרפו על יחוד בוראם[w]. ויהי מספר ההרוגים והשרופים כק"ן נפשות[x] קדושים ואת בתיהם הרסו ויבוזו *זהב וכסף[y] וחמדת ספרים אשר כתבו לרוב נחמדים מזהב ומפז רב אשר אין בערכם בנוי וביופי והביאום[z] לקלונייא ולשאר מקומות ומכרום ליהודים. וכן עשו אויבינו בכמה עיירות ושם[aa] שחטום ושרפום ובעיר אחת שהיו[bb] בה *רק[cc] גרים כעשרים איש[dd] קהל גרים איקרי קהל והרגום כולם ולא רצו להטנף במי צחנה אך כולם קדשו את שם הנכבד[ee]:

זכור ה' מה היה לנו כי מרעה אל רעה יצאנו יגענו ולא הונח לנו כי רצח גוי רשע אחד בעיר ברייש אשר בצרפת יהודי אחד ויבואו קרוביו ויצעקו אל גבירת הארץ והרוצח היה עבד מלך צרפת ויתנו לה שוחד לתלות את הרוצח ויתלוהו ביום פורים. וישמע מלך צרפת הוא המלך הרשע אשר גירשם לפני זה *מעל אדמתו בשנת התקמ"ו כל היהודים אשר בארצו ויקח כל ממונם הוא המלך הוא[ff] ברשעו *מתחלתו ועד סופו[gg] ויבא אל עיר[hh] ברייש ויצו לשרוף את[ii] היהודים מהם מקצתם עשירים גדולים חשובים כשרים ומקצתם רבנים גדולים ומקצתם חברים ולא אבו לטנף עצמם[kk] לכפור בה' אחד ויעמוד הר"ר י"ט זצ"ל וישחט בידו כמ' נפש[ll] והשאר[mm] נשרפו על *יחוד בוראם[nn] אמנם את הנערים פחותים מי"ג שנים צוה המלך *להניחם בריות ולהמלט על נפשם[oo]. *את כל זה ראיתי בימי חבלי נקמת נפשי בהיו[pp] יוצרנו *יראה נקמה בעדינו ויביא *מהרה משיחנו אב"ר[qq]:

---

a) S. הרעש. b) *Fehlt in S.* c) S. כאשר נודע למלך. d) o. לאסור. e) *Fehlt in S.* f) S. B. דכיסים. g) S. כמשונה. h) o. הנוקם. i) *Fehlt in S.* k) S. B. באו. l) S. התועים. m) o. איבורבא. n) *Fehlt in S.* o) O. באנגלטרא: S. במדינות אנגלטירא. p) S. ועת הנס נהפך לאבל ביום שבת הגדול. q) S. *fügt hinzu* היהודים. r) o. כבה"כ. s) *Fehlt in S.*; B. סברו בית בטוח. t) *So in allen Hds.* u) o. *fügt hinzu* קטן. v) S. כספית כהתענגות. w) S. קדוש השם. x) B. *fügt hinzu* (?כפים) אנשים ונשים וטפים. y) S. כסף וזהב. z) o. וספריהם הנחמדים הביאום. aa) *Fehlt in S.* bb) S. היו. cc) o. קהל. dd) S. כעשרי גרים. ee) o. ה'; S. B. המיוחד. ff) *Fehlt in S.* gg) S. מתחלה ועד סוף. hh) *Fehlt in S. und B.* ii) O. כן: o. כל. kk) S. את עצמם. ll) S. נפשות. mm) S. ונשארים. nn) o. ק"ה (= קדוש השם); B. יחוד השם. oo) S. להמלט ולהניחם בחיים. pp) *Fehlt in S. und B.* qq) O. משיח צדקנו במהרה. *In S. ist der ganze Satz zusammengezogen in* יוצרנו ינקום נקמתינו.

*הודו לה׳ קראו בשמו הודיעו בעמים עלילותיו עמו כי החסד והפדות עמו. ויהי[a] בימי וליפש הרעמון וה׳ היה לנו בימיו כי בשנת ד״א ותת״קלא באו ב׳ יהודים לקלונייא שם האחד ר׳ בנימן הנדיב מוולדימיר[b] ושם הב׳[c] ר׳ אברהם הסופר מקרנטן[d]. ויהי היום ויבואו אלה היהודים[e] להתייצב על השוק לעשות[f] סחורתם ויבא גם השטן בתוכם מטבען[g] אחד צורר[h] וירא אותם ויסת עליהם נכרית[i] אחת ימח שמה לאמר אתם נתתם לי *כ׳ פשיטים של נחשת[k] והמטבען[l] בעצמו[m] הוציאם[n] מכיסו ונתנם[o] בידה ותקרא בקול גדול לאמר ראו הביא לנו איש עברי *פשיטים סיגים[p] לשקר בנו בא אלי לקנות ממני[q] חיק של כסת ויתן לי את השקר[r] הזה. היא טרם תכלה לדבר ויתקבצו אליהם[s] כל איש רע ובליעל[t] למאות[u] ולאלפים ויקחום אל בתי המוכסים הרשעים ויאסרום ענו בכבל רגלם. ובני יעקב באו אל השרים[v] כשמעם[w] ויתעצבו האנשים וידרו להם שוחדים ולא הועיל[x] מאומה רמזום[y] ולא נרמזו *עקצים ולא נעקצו[z]. ובראותם כן הלכו אל הרעמון כפופים כאגמן וידרו ממון וידברו באזניו להושיעם ויתנכר אליהם וידבר אתם קשות *ויאמר אליהם מרגלים ושקרים אתם[aa] ולא זכר כל העבודה הכבדה[bb] אשר עבדו[cc] וידחה אותם מדחי אל דחי ולא דבר אליהם נכונה. ויהי ביום השלישי באזור[dd] לקחום ויביאום אל *החצר לשפוט אותם[ee] ויבקשו היהודים מהם לתת להם מליץ לדבר עליהם שאם יאשמו *אף במשפטי[ff] דייני[gg] *סדום יענשו ואם לאו שיהיו נקיים[hh] ויאמנו המוכסים לא באמת ולא במשפט רק לקצות את[ii] כפיהם[kk] *ולא חסה עינם[ll] וכרגע טרם יסובבו[mm] ואנשי העיר אנשי סדום נסבו עליהם[nn] למגדול ועד קטן[oo] שמחו *ללא דבר[pp] לשפוך דם *נפשות אביונים נקיים[qq] ויאמרו אך זה היום שקוינוהו[rr]. והשמועה הרעה באה ברחוב הקהל ויקרעו בגדיהם[ss] ויהי אבל גדול ליהודים *וצום ובכי ומספד[tt] וינוסו אל *מקדש מעט[uu] סלע מצודתם בית מנוסם[vv] ויספדו שם מספד גדול וכבד[ww] מאד אנשים ונשים וטף ויוציאו ס״ת וידרו נדרים ויתנום[xx] שם יד ביד ולא אחרו ויורידו כנחל דמעה וישמע אלהים את נאקתם ונתרצו[yy]. וכבוא לנזול עורם ושארם ועצמותיהם לפצח

---

a) S. *Fehlt in o., das beginnt* ...בימי וליפש ד״א ותתק״לא. b) *So in O.*; o. מילדמיר: S. מוולדימר: B. מילדמיד. c) S. השני. d) o. מקרינטן. e) S. האנשים. f) o. לסבור. g) O. מטבעו. h) S. *fügt hinzu* היהודים. i) o. גויה; S. נכריה. k) o. מטבע נחשת: S. עשרים פשטן של נחשת ויסים. l) O. המטבע. m) S. עצמו. n) S. הוציא. o) O. ונתן. p) S. פשטן סיג׳. q) *Fehlt in B.* r) o. השקל. s) O. עלידם. t) o. אנשי בליעל. u) B. למאה. v) O. השדים. w) S. בשמעו. x) S. *fügt hinzu* להן; B. להם. y) S. רמזו להן. z) *Fehlt in S.* aa) S. לאמר מרגלים אתם חיסנים. bb) S. הקשה. cc) S. B. עבדו אותי. dd) o. B. באשר. ee) S. (!) מקום המשפט שבע הרשע. ff) S. יצא חייב. gg) *Fehlt in S. und B.* hh) *Fehlt in S.* ii) *Fehlt in S. und B.* kk) o. ידים. ll) *Fehlt in S.* mm) o. ישבבי; S. יסבו. nn) S. על הבית. oo) S. למקטן ועד גדול. pp) *Fehlt in S.* qq) o. S. נקי. rr) S. שקוינוהו. ss) o. *fügt hinzu* באבלים. tt) S. צום מספד ובכי. uu) o. לב״הכ. vv) S. מנוסתם. ww) S. כבד. xx) S. ויתני. yy) *Fehlt in S. und B.*

ואיש ישראל הפך ויבהל איש בנימין כי ראה כי נגעה[a] אליו הרעה אז צעקו אל ה׳ *ועָנה אותם[b] ויָם לבותם לקחת שוחד[c] עלה לק׳ד׳ה[d] זקוקים כסף ויתנדבו *והיהודים היושבים בערים[e] *אשר סביבותיהם לתת כל הכסף הזה בנדבת לבם[f] *להציל ב׳ נפשות אנשים טובים וצדיקים לבד מל׳ זקוקים[g] אשר שמו עליהם[h] הקהל על ר׳ בנימין ועל ר׳ אברהם[i] ונתנום. *על כן[k] כל זרע ישורון זמרו לה׳ כי גאות עשה כי מודעת זאת בכל הארץ ועם מדינות הארץ יודעים אשר כל איש ואשה אשר *יבוא אל החצר בקלונייא[l] אשר *רצח או גנב[m] ויבינו לו כלי מות להשחיתו אחת דתו להמית[n] וזה[o] תקעו בשופר הצוצרה[p] ברמה[q] הריעו בית און אחריך בנימן בעממיך *ומושבי האון בחבלי שוא בחמניהם[r] כתרו את בנימן הרדיפוהו המון גוים על ר אברהם מנוחה *הדריכוהו כשבבר[s] חרדו והשחיזו גרון לקוץ[t] כף נקיי כפים *בנימין ואב טרפו[u] והשטן עומד על ימינו *לשטנו ואברהם על אבריו המו גוים עריצים ויצילם ה׳ מבין אלף אלפי אלפים המצפים ואומרים מי יתן מבשרם לא נשבע. ולא היתה בזאת מאתמול להנצל כבה על חצר קולונייא אם היה קרוב כזה למות איש ערל ואף כי יהודי ניצל[v]. ברוך ה׳ כי הפליא חסדו *בעיר מצור[w] וברוך שמו אשר לא נתנם[x] טרף לשיניהם יוציאם מחשך וצלמות ומוסרותיהם ינתק יודו לה׳ חסדו *ונפלאותיו לבני אדם[y]. ובצאתם ברכו את כל העם אנשים ונשים וטף ברכה גדולה ונתנו שבח והודאה לאל המושיע[z] וכל העם עומדים ויאמרו[aa] כל העם אמן והלל לה׳ וברכה להם[bb] אלהים לטובה לקהל קולונייא ולשאר היהודים אשר בערים סביבותם אשר עשו עם היהודים האלה תכתב זאת לדור אחרון *ועם נברא יהלל יה[cc].
*אפרים הצעיר בן ר׳ יעקב היהום יליבה[dd]:

*ברוך המקום ברוך הוא ברוך עושה נסים לישראל עמו ברוך הוא שבכל יום ויום עומדים עלינו צרינו לכלותינו והקב״ה מצילנו מידם. צא ולמד מה בקשו תועים לעשות לישראל בארץ הזאת[ee] שנפלה[ff] מריבה בין עם של אדום אשר[gg] בירושלים ותרב *קנאה ושנאה בינותם[hh] עד שמסרו את[ii]

---

a) S. B. נגע. b) S. יענם. c) In O. folgt noch בהויה וילדה mit darüber befindlichen Tilgungspunkten. d) S. לסך ק׳ה. e) o. קהל ;S. B. קהלות הסמוכים לתת מעות אלו בעד אלו שני אנשים צדיקים ותמים (!) ובשרים קלוניא והערים. f) Fehlt in o. g) S. כלבד שלושים זקוקים כסף. h) Fehlt in S. i) In o. folgt ברוך ה׳ אשר הצילם ולא נשבע דבר כזה שנצל יהודי בקלוניא ידו לה׳ חסדו וג׳:, zugleich schliesst in o. hermit der Abschnitt. k) O. B. ע״כ. l) S. יבואו לחצר שבקלונייא. m) S. יצא עליו שם זיוף גניבה רציחה: B. לא יעבר בדת פרס ומדי יקרא עלידם שם שקר או רציחה או גנבה. n) S. fügt hinzu לא יעבר בדת פרס ומדי. o) S. ילאלו. p) S. B. חצצרות. q) S. ברעה הרועה. r) Fehlt in S. s) S. גם כבר. t) S. fügt hinzu בו. u) S. אשר לא נשאו לשא. v) S. לשכנם ובלי משחית בידו ואלף אלפי עומדים ומצפים ואויבים כי יזוה צבאותינו כדם נקי ולא היתה מאת כימים יבימה להנצל ערל בקלוניא הבא למעמד זה ובאן יהודים (!) ניצל. w) Fehlt in S. x) S. נתנם. y) S. ולבני אדם נפלאותיו. z) S. fügt hinzu בתפיסת ספר התורה. aa) S. ואויבים. bb) Fehlt in S. cc) Fehlt in S. dd) Fehlt in S. und B. ee) Fehlt in S.; in O. folgt noch בשנת ד׳א ותתקץ. ff) S. בעת ההיא נפלה. gg) S. היושבי. hh) S. קנאתם. ii) Fehlt in S. und B.

הארץ למושל *הדין ומלך[a] ישמעאל[b] ויקח[c] את ירושלים[d] ואת כל הארץ מהלך ג׳ ימים עד עכו ועד בבלל ויקח את התרף אשר נשתטח *צלם ישו עליה[e] וישרפוה[f] באש ואת הזהב[g] אשר עליו לקח לו. ותבא השמועה *בכל ארץ אדום עם ישו[h] ויקומו על עם ה׳ *לבלוע ולהשחית[i] וירחם ה׳ על עמו ויתנם לרחמים לפני שוביהם ורחמום ויבנים[k] בלב המלך וירידריך לקחת קצת מהונם ולא *דבר גדול[l] ויצו לכומרים ולגלחים שלא לנבח אליהם[m] רעה ויגן עלימו[n] בכל כחו בעזרת מגן[o] אברהם אביהם[p] ויתן להם מחיה לפני אויביהם[q] ולא נגעו ביהודי לרעה ועדיין ירושלם וכל הארץ ההיא[r] ביד מלך ישמעאל *זה חמש שנים עתה[s]. ברוך מרחם על עמו כן ירחמם וינחמם *וינקום הצדיקים ויושיבם אל ארץ אבותיהם אמן מהרה[t] *אמן סלה[u]:

ויהי[v] בשנת ד׳א ותתק׳מז[w] ליצירה[x] *כז׳ באדר הראשון בב׳ בשבת[y] קצף ה׳ *נגע בעמו[z] על ידי יהודי[aa] משוגע[bb] אשר פגע בנערה גויה בעיר נושא ושחטה לעין כל. וכראות[cc] הערלים כן הרגוהו תחלה ואח״כ[dd] ו׳ משאר היהודים הרגו ובבזה אשר בבתיהם שלחו את ידם ולקחום והביאום[ee] חוץ[ff] לעיר[gg] לעלותם באופני עגלות[hh] *והעמידום בארץ במעגל[ii] ללעג ולחרפה לישראל ואח״כ לקץ ה׳ ימים בי״ב לחדש ביום מנוח לא נתנו להם[kk] מנוחה ותפסו את אם המשוגע ואחיה וקרשה ויחדה האם את השם[ll] וקברוה חיים[mm] ואת אחיה איפנו וקלעו באופן והעמידוהו[nn] עם הצדיקים חוץ[oo] לעיר. ויהודית אחת וג׳ בנות החסידה אנסו ויטבלום[pp] במים המרים[qq] המאררים והיהודים אשר נותרו בחיים הענישים הגמון ק״ן וקוקים ושאר היהודים אשר בכל שאר ההגמוניא[rr] ענשום *ההגמון והשרים[ss] ולקחו[tt] מהם הון רב ואח״כ[uu] נתנו הקהלות ממון להגמון ונתן[vv] רשות להוריד את[ww] החסידים מן האופנים בליל י״ז לחדש אדר השני ויורידם בספינה למטה *לעיר נטא[xx] וקברום אצל קברי הצדיקים[yy] אשר נקברו שמה בגזרת ד׳א ותת״ני[zz]. *והיהודית הנאנסה חזרה[aaa] למוטב קודם הפורים. ואלה שמות

---

a) *Fehlt in S.* b) S. אחר: B. ירושלים. c) S. *fügt hinzu* המושל והמלך ההוא. d) S. *fügt hinzu* לידו. e) S. עלין ישו. f) o. ושרפוה. g) S. הזהב. h) S. למלבות עשה להן הנוצרים. i) S. לבלעם חיים. k) o. והבנים; S. ויבנם; B. ויבנים. l) S. עשה להן כאיבה. m) S. נגד היהודים. n) S. עלינו. o) o. ה׳, *womit in o. der Abschnitt schliesst.* p) S. אבינו. q) S. *fügt hinzu* לקיים מה שנא׳ ואף גם זאת וגו׳. r) *Fehlt in S.* s) *Fehlt in S. und B.* t) S. אמן. u) *Hds.* א״ס: *fehlt in S.* v) *Fehlt in o.* w) B. ותתק״כז. x) *Fehlt in S.* y) S. בב׳ בשבת ו׳ לאדר הראשון. z) O. בעמו נגע. aa) o. איש יהודי. bb) S. *fügt hinzu* אחד. cc) S. ובראותם. dd) S. עוד. ee) S. והביא. ff) S. B. מחוץ. gg) o. *fügt hinzu* והביאום, S. והעמדום. hh) S. B. העגלה. ii) *Fehlt in S.* kk) *Fehlt in S.* ll) S. את השם ויחדוה. mm) O. חיה. nn) S. והעמידוה. oo) S. אשר מחוץ. pp) S. וטבלוה. qq) *Fehlt in S.* rr) S. כממשלת הגמון. ss) *Fehlt in S.* tt) S. ולקח. uu) S. ואחרי כן. vv) S. *fügt hinzu* להן. ww) *Fehlt in S.* xx) o. בעיר דנציק. yy) S. *fügt hinzu* הקדושים. zz) S. הת׳ני. aaa) O. והיהודים שבו חזרו.

הצדיקים[a] *אשר נהרגו[b] על ייחוד[c] השם בנישא ר' יצחק החזן[d] ב"ר גדליה ור' שמואל ב"ר נתן ובנו ר' נתן ור' יצחק ב"ר שמשון שיחדו[e] את השם הרבה ור' שמואל ב"ר נטרונאי וברוך[f] ב"ר יוסף אל נקמות ה' *הוא ינקום נקמתם מהרה אמן[g]. וברוך אלהי ישראל אשר פדה את[h] *נפשי מנסיון ובוין כי אני הייתי דר בנושא ובאתי ג' ימים לפני הרעה לקלונייא אך נפסדתי הרבה מהוני יוצרי ימלא חסרוני[i] אמן. *אפרים בן יעקב ילויבה[k] וסליחות וחטאני יסדנו על זה *והנם כתובים למעלה על גליון סליחות גזירת ד"א ותתנ"ו[l]:

איש היה בארץ אושטאריכא[m] ר' שלמה שמו והיה האיש ההוא תם וישר וירא אלהים ועושה צדקות בכל עת וחונן דלים ויפקד הדוכס אותו על מכסיו[n] ועל צרכיו[o] ויהיו[p] לו עבדים ושפחות *גוים ויהודים[q]. ויהי בשנת התתק"נו[r] בתמוז[s] במחזור רנ"ו אשר קוינו לרנה ולשמחה ונהפכה לאבל כי גם *בשנה ההיא[t] נצטיינו ונתעבו שעירים לאין קץ ללכת ירושלימה להלחם על הפראים ויבא אחד מעבדיו *אשר גם הוא[u] נצטיין לתיעוב ויגנוב לו מהונו כ"ד זקוקים וילך ר' שלמה ויתן אותו[v] בבית הסוהר. ויהי *היום יום[w] אידם ותלד[x] אשת *הנתעב והנאסר[y] *בגילא ותצעק[z] בבית תרפותם[aa] על דבר בעלה הנאסר ביד יהודי ויקומו הנתעבים אשר בעיר *ויצאו בחימה עזה ויבואו בבית הצדיק ויהרגוהו[bb] *וכחמשה עשר[cc] נפש[dd] מישראל עמו. *אח"כ נשמע הדבר לדוכוס[ee] ויצו לתפוס שנים הראשים *שבין הרוצחים ולקצץ[ff] ראשיהם ויותר לא אבה להרוג בהם כי נתעבים היו. ראה בענינו האל ונקום נקמת ישראל[gg]:

ויהי בימי המלך היינריך[hh] בן המלך ווידריך *המת אל בעמו האריך ומכתו העריך ומחצו בהם הדריך והפריך כי[ii] בשנת ד"א ותתק"נו באדר נמצאת גויה נרצחה קרוב *לעיר אשפירא[kk] בשלש פרסאות וישמחו הגוים[ll] ללא דבר *להוציא קול על היהודים[mm] לאמר *כי הם[nn] רצחוה ויקומו *לבלעם חיים[oo] ויוציאו את בת הר"ר יצחק *ב"ר אשר הלוי[pp] מקברה *בתוך ימי[qq] אבלה ויתלוה ערומה בשוק ועכבר תלוי *בקלעי שער[rr] ראשה ללעג ולקלס לישראל[ss] ויפדה אביה ע"י שוחד וישיבוה[tt] אל קברה. ויהי ממחרת ואנשי העיר אנשי סדום נסבו על בית הרב ויפרצו בו פרץ ויהרגוהו

---

a) *Fehlt in S.* b) S. B. הנהרגים. c) S. B. קדוש. d) *Fehlt in S.* e) S. שיחדו. f) o. יד' דוד. g) (!) ינקום דם עבדיו הנקים. h) *Fehlt in S.* i) S. B. נפש של הר"ר אפרים מנסיון ובוין כי הוא היה דר באותו פעם בנושא יבא ג' ימים לפני הרעה לקלוניא אך נפסד הרבה מהוני יצרנו (ה' S.) ימלא חסרונו. k) *Fehlt in S. und B.* l) *Fehlt in S. und B.* m) o. איסטאריכא; S. B. אושטא. n) S. כל מכסיו. o) S. כל צרכיו. p) S. ויהיו. q) S. בילים ועילים. r) S. ד"א התתק"נו. s) S. י"ו בתמוז. t) *Fehlt in S.* u) S. שגם היה. v) S. B. ויתנהו. w) S. ביום. x) S. ותצעק. y) S. הנאסר. z) *Fehlt in S.* aa) S. B. חרפותם. bb) S. ויהרגו את ר' שלמה. cc) S. B. וט"ו. dd) S. נפשות. ee) S. וישמע הדוכס. ff) S. כן הרצחנים וצו לקצץ. gg) *Fehlt in S.* hh) O. הינריך. ii) *Fehlt in S.* kk) S. לשפירא. ll) S. הערלים. mm) *Fehlt in S.* nn) S. יהודים. oo) *Fehlt in S.* pp) *Fehlt in S.* qq) S. בימי. rr) S. בקלעות. ss) S. B. ישראל. tt) S. B. ויביאה.

וח׳[a] נפשות עמו *גם שרפו[b] את כל בתי הקהל. והיהודים עלו אל העליה אשר על בית הכנסת ואח״כ העלו את הסולם *אשר עלו בו[c] אליהם ושם נמלטו עד בא להם עזר[d] והורידו *את הסולם וירדו בו ויצאו[e] מן העיר בעוד לילה והאויבים שללו את כל אשר בבתים[f] ואת ספריהם וספרי התורה השליכו במים ואת בית הכנסת שרפו באש. *וטרם הריגתם צוה עליהם אותו הדוכס אחי המלך ע״י שוחד אשר לא ישלחו את ידם ביהודים[g] ויהי כשמעו את שמע ההרג *ויחר אפו בהם[h] ויאסוף חיל ויצר על העיר אשפירא וישריף להגמון[i] הרשע ולעירונים את[k] הכפרים *אשר להם[l] וישחית את[m] עציהם ויעקור את[n] כרמיהם *וידרוך את קמותיהם עד לאין מרפא[o] ולולי *כי שמע שהמלך אחיו[p] בדרך לשוב מארץ פוליא[q] לא[r] עלה מעליהם עד נתצו[s] חומות העיר ואח״כ בא המלך ותפש[t] את הרוצחים עד שנתנו לו הון רב וליהודים נתנו בנגד ת״ק זקוקים[u] ובנו להם את בתיהם ואת מקדש מעט כאשר בתחלה. ובאותה[v] שנה מתו מהם מקהל שפירא[w] הרבה מיתת עצמם וקהל גרמיזא עשו חסד גדול עם החיים ועם המתים יברכם יוצרם והנותרים שבו לעירם. וכל ההצלה הזאת והצלת כל הקהלות ע״י ר׳[x] חזקיה הנגיד בר׳ ראובן מבוברט[y] וע״י ר׳ משה בר׳ יוסף הכהן יזכרו לאלף אלפי *טובות וברכות מן החסד[z] והטורח והוצאה[aa] *אשר עשו בעבור כל הקהלות[bb]:

*למי אוי למי אבוי למי פצעים חנם למאחרים בשבים למצפים לישע והנה חרב חדה על צוארם ליוצאים מרעה אל רעה כי[cc] מקץ שבע ימים אחרי *הכות ה׳ באשפירא[dd] באו *האויבים בפופרט בליל מוצאי שבת[ee] ויהרגו את ר׳ שלמה החזן ח׳ נפשות עמו ויער ה׳ את רוח אותו[ff] אחי המלך ויעור *מן הרוצחים שנים[gg] ואח״כ בא המלך אחיו וצוה לאנשי העיר לתת לר׳ חזקיה הנגיד כג׳ מאות זקוקים:

*ה׳ ינחמנו בכפלים בנחמות ציון וירושלים אמן[hh]:

---

a) *S.* ושכינה. b) *S.* יישרפו. c) *S.* שעלו בה. d) *S.* עזרה. e) *S.* הסלם ועלו. f) *S.* בבתיהם. g) *S.* ואף שדוכס אוכא אחי המלך ציה לא להורגם. h) *Fehlt in S.* i) *S.* להגמין. k) *S.* כל. l) *S.* שהיה להן סביב העיר. m) *Fehlt in S.* n) *Fehlt in S.* o) *Fehlt in S.* p) *S.* ששמע שאחיו המלך. q) *O.* פוילא; *o.* פילא. r) *In S. geht noch vorher* לא הניח ידו כבלע. s) *S.* ניתץ. t) *o.* ותפשו; *S. B.* לתפוס. u) *o.* סקידי; *S.* והו׳. v) *S.* ובאותו. w) *Hier so.* x) *S.* היה׳ ע״י רבי. y) *S.* כבוברט. z) *S.* ברבות על החסד והטובת. aa) *S.* והוצאה; *B.* והוציאה. bb) *S.* שטירחו והוצאו עבור הקהלות. cc) *S.* ויהי. dd) *S.* אשר הכו האויבים קהל שפירא. ee) *S.* אויבים בליל מוצאי מנוחה בפופרט. ff) *S.* אכא. gg) *S.* את שנים מן הרוצחים. hh) *Aus S.; fehlt in O.; B.* סליק וה׳ ינחמנו בכפלים בנחמת ציון וירושלים אב״יר.

V.

Bericht des Elasar bar Juda.

בשנת שתים לאלף הששי בר"ח מרחשון ביום א׳ לקה השמש בחצי היום והיה חושך כשיעור ב׳ שעות וראינו הכוכבים במסילותם וכל הארץ היתה ירוקה כשעוה מתואר השמש ולאחר כן התחיל השמש להאיר קצת אך כל היום ההוא היה מקום וריחה מבורכם בשלוה. אכתוב מה שאירע לנו במגנצא בשנת ד אלפים ותתק״מז לפרט באלול הנה גוי אחד הולך בבית הקברות בערב שבת ואמר יהודי אחד רצה להורגו והעליל עליהם הרגמון עד שנתפשרו הקהל ונתנו להגמון יותר מק וקוקים[a] ונשבעו ביום שני של ר״ה שהביאו בבית הרגמון שלא עשו לו דבר וגם אינם הורגים בערב פסח שום גוי ונתנו כסף הרבה. בעוד שהיינו באיתו צרה ראו כל העולם מופת בשמש בתתק״מז לפרט כערב ר״ה בבקר ראינו השמש היה קטן בחצי ירח והיה חשוך מאד ולאחר כך האדים וכל הארץ כאילו ירוקה כולה ולבסוף שליש היום נתמלא השמש ולאחר החג לפני חנוכה שמענו כי ישמעאלים יצאו ממקומם וכבשו את עכו והרגו כל העם הנמצא בו ולקחו כל המקומות סביב לירושלם מעכו ועקרום עד ירושלם. ובערב ר״ה ביום אשר לקה השמש הרגו הישמעאלים באומה זו האשכנזים יותר מן ד אלף גבורי חיל ולקחו להם התעבה אשר נצלב עליו ישו הנוצרי ישחקו עצמותיו והביאו התועבה עמהם לארץ ישמעאל ולכדו את השוחה לאחר חנוכה והרגו בירושלם כל הנמצא בה והוציאו קבר קללתה ישם תלוי והפכו כל העפר אשר בשוחה. ואחר כך באתה השמעה אל כל מקומות אשכנז ואמרו כל הגוים אל כל היהודים הנה בא יום שהומניהו[b] להרוג כל היהודים. זה נעשה בימי שקר התענית. כאשר שמענו נפלה עלינו חרדה גדולה עד מאד ותפשנו אומנות אבותינו וגזרו[c] צום ובכי ומספד וביום ו׳ בכ״ד להדש . . . .[d] בתתק״מח לפרט

a) Hds. וק׳. b) Unleserlich, weil beschädigt. c) So. d) Der Monatsname fehlt in der Hds.

נתקבצו הגוים הערלים להרוג אותנו ובאו בתוך הרחוב של היהודים ושברו היהודים את בתיהם ושברו גג אחד של היהודים עד שריחמו עלינו מן השמים ובאו עבדי נחבר וגירשם והצילנו בוראינו ברוך הוא מיד כל אויבינו. והיו הערלים מסמנין עצמן בתיעוב שלהם למאות ולאלפים ולרבבות כפלי כפלים ביוצאי מצרים והיו מגומקים[a] אותנו להרוג ויאמרו אלינו תלמידי חכמים תקנים נצומה על זאת ונדרוש אלהינו אולי[b] ימצא לנו אלהיני מצוי. וילך אבא מרי הרב ר׳ יהודה ב״ר קלונימוס על מגדל עץ במנחה בשבת בי״ג באדר הראשון[c] לאחר שגללו ספר תורה ויאמר ישובו איש מדרכו הרעה אולי יגמלינו ברוב רחמיו וחסדיו ונקבל צום ונבקש רחמים. וגם אמר הרב ר׳ משה ב״ר מרדכי וכל זקינינו וגיסי ר׳ משה החזן בבכי ובידכם[d] לצום שיני וחמישי עד ניסן וליתן צדקה בליל תעניתנו ולהתפלל[e] סליחות ולבקש מחילה איש מאת רעהו ואשה מאת רעותה והיינו מתחננים בבכי על נפשותינו ועל נשינו ושפינו פן יהרגום הזידים ויטנפום במימי רגליהם הטמאים שלהם וכל ישראל היו בצרה גדולה. ונתיעצו לברוח על עיר מבצר כל בני מגנצא ושפירא ושטרסבורק וורמזא ווירצבורק ובכל המקומות אשר ישבו בהם היהודים. ואנחנו בני מגנצא הנחנו ספרי התורה כלי חמדתינו וספרים וכל מאודינו בין ואיבי ערב בין העירונים להקל מעלינו לברוח על נפשנו. בתתק״מח באדר השני ברחני על עיר מינצבורק ובכל עיר חלקו עצמן לד׳ עיירות אי לה׳ ערי מבצר והיה החצר במגנצא וסימנו עצמן לאלפים ולרבבות אין מספר ונשאר מעט יהודים במגנצא בתוך בתיהם:

היום ביום ו׳ ב׳ בניסן בא אלי אלעזר הקטן כתב גיסי ר׳ משה ב״ר אליעזר הכהן החזן וזהו מכתבו. אתן תודה ותפארת בכל מיני עשור לאל אשר החינו וקימנו כי בשנת[f] בפרשת החדש היינו בין חיים למות כי התועים הורקים שיניהם עלינו לבולעינו כבליעת דגים ולולי רחמי שדי או אבדנו כרגע. ברוך מציל מחרב מפיהם ונאספו התועים להתגרות בנו ברחובותינו ולהתנפל עלינו והצילנו השם כאשר נכתוב. אך נספר התחלה כל הקורות איתנו הנה מן ח׳ באדר השני[g] היו באים להצר המלך והיינו בסכנה גדולה עד כ״ד באדר השני. ביום ו׳ הלך עמי בחור אחד בשוק לקנות לחם לצורך השבת והשליכוהו ארצה ורמסוהו בטיט ושמו לו סכין כנגד לבו ושאלוהו אם רצה לכפור באל חי ויאמר לא והוסיפו לו מכה על מכה וברח לו בבית ע״ז ורצו אחריו ולא הניחום הגלחים להזיק לו ויצא בפתח אחר משם ורצו אחריו כמעט שלא הרגוה ובא פרש אחד והצילו בקושי גדול. אשרי אשר לא ראתה כל אלה אשר השליכו עלינו גורל וזה בכה וזה בכה וזה בביקור עינים וזה בחרב יום ולילה לא ישבותו וחורקים עלינו שן לבלעינו חיים ושמענו חרפתינו ונהי כחרש לא ישמע והיינו סגורים בבתינו. כשברח הבטיחנו

---

a) *So.* b) *Hds.* א׳. c) *In der Hds. folgt noch einmal* על מגדל עץ. d) *So.* e) *Beschädigte Stelle in der Hds.* f) *So.* g) *Am Rande der Hds.* הראשון.

המרייִלְק לפתוח ביתינו וכן עשינו באימה. ביום א׳ באו שני מריילק לנדיב ר׳ משה ב״ר׳ יוסף הכהן ואמרו לו לסגור דלתות הבית ונבהלנו מאד ואחזתנו פלצות ולא נותרה בנו נשמה עד אשר שב הנקוב[a] משה הכהן יזכר לטוב ולחיים כי לולי הוא אשר קם בפרץ וניחם אתנו ודיבר על לבינו אז גוענו והתפללו בב״הכ השכם אך לא במוצאי שבת וביום א׳ כהשכמה. והמלך הזקן ובנו הדוכוס וכל השרים שמנו[b] עצמם ועם לרוב אין מספר. ביום ב׳ רצה פרש אחד ליכנס לב״הכ ובא הממרלייק והכהו בעץ גדול כמעט שלא מת. וכאלה רבות עשה לנו אלהים ברוך הוא מי יכול לספר ולכתוב ואין אנו מבירין בניסיו הגדולים ולולי שאין להוסיף על הימים היה לנו לעשית פורים שני כי כל העמים תקעו כף עלינו להשמיד ולאבד וברם רק המלך הזקן ובנו המלך הבחור שיחיו לטוב ליהודים. ויותר מן י׳ אלפים סימנו בסימני טומאה רק להרוג עצמם ולשלול שלל אך המלכים כל עת היו מדברים טוב ליהודים ונהפכו האויבים ושבו לארצם בבושת פנים. ובשבת בפרשת החדש נאספו התועים ברחובותינו להתגרות בנו ולהתנפל עלינו והנה האחד קם וחרב בידו ובקש להכות יהודי והנה המרייִלק בא לרכוב אל המלך הבחור וקבלו לו היהודים ותפש אותו בשערו ותלשו והכהו במקל עד שדמו שותת לארץ. והנשארים נסו ובאו להם לשוק וספרו למסומנין בסימני טומאה מה עשו להם בעבור היהודים ונתקבצו כולם לאלפים ולרבבות ורצו ליקח רגל ולבא ברחובותינו ויוגד הדבר למרלייק ולקח עבדיו עמו ומקל בידו והכה ופצע עד שנפזרו כולם והיינו בצרה גדולה עד מות מיום ו׳ עד יום ג׳ ברוך הוא ויתעלה וכרו לנצח נצחים והקדים רפואה למכה. ונשאו שרים קל וחומר בעצמם לומר כמה חביבים היהודים בעיני המלך יהי שם יי מבורך מעתה ועד עולם ויתפאר זכרו לנצח נצחים כי לא בצדקותינו גמלנו כל זאת כי אם למען שמו הגדול מבורך לעדי עד. ביום ג׳ דבר שלום ליהודים כל הנוגע ביהודי ויעשה לו הבורה ידו הקצץ והרורג יהרג והדעמונים החרימו כל אשר ישלח ידו ביהודים לאבדו והדרך תרפוהו לא יועילנו לשלוח חותם בכתב ובעל פה לשמור היהודים כבבת עינם יוהר כמה שעשו בראשונה הכל הוא בכסף מלא והנדיב ר׳ משה הכהן רכב עם המלך וכתב חותם בידו להשלים היהודים. יצאנו ממינצבורק כ״ז בניסן וכאשר הלכנו פרסה וחצי באו לקראתנו למאות בתעבותיהם וברגליהם והכו על העגלות[c] . . . . . והצילנו השם:

---

a) *Hds.* הנק׳. b) *So.* c) *Der folgende Schluss fehlt.*